ELÉMENS

D'HISTOIRE ET DE GÉOGRAPHIE

A' L'USAGE

DU PENSIONNAT DES DAMES APOSTOLINES

DE LA MAISON ROYALE

DE S. DENIS.

A ROME

CHEZ BOURLIE', IMPRIMEUR DE LA PROPAGANDE.

1821.

avec la permission des Supérieurs.

HISTOIRE SAINTE.

PROLOGUE.

Qui n'a relu souvent, qui n'a point admiré
Ce livre, par le Ciel, aux hébreux inspiré ?
Il charmoit à la fois Bossuet et Racine.
L'un, éloquent vengeur de la cause divine,
Sembloit, en foudroyant des dogmes criminels,
Du haut du Sinaï, tonner sur les mortels ;
L'autre, de traits plus fiers ornant la tragédie,
Portoit Jérusalem sur la scène agrandie.
Rousseau saisit encor la harpe de Sion
Et son rhythme pompeux, sa noble expression,
S'éleva quelquefois jusqu'au chant des prophètes :
Imitez cet exemple, orateurs et poëtes.

L'Enthousiasme habite aux rives du Jourdain,
Au Sommet du Liban, sous les berceaux d' Eden.
Là, du monde naissant vous suivez les vestiges,
Et vous errez, sans cesse, au milieu des prodiges.
Dieu parle ! l' homme nait : après un court sommeil ;
Sa modeste compagne enchante son réveil.
Deja fuit son bonheur, avec son innocence :
Le premier juste expire : ô terreur ! ô Vengeance !
Un déluge engloutit le monde criminel.
Seule, et se confiant à l' oeil de l' Eternel,
L'Arche domine, en paix, les flots du gouffre immense,

Et d' un monde nouveau conserve l'espérance.
Patriarches fameux, chefs du peuple chéri,
Abraham et Jacob, mon regard attendri
Se plaît à s' égarer sous vos paisibles tentes:
L'Orient montre encor, vos traces éclatantes;
Et garde de vos moeurs la simple majesté.
Au tombeau de Rachel, je m'arrête attristé,
Et tout à coup son fils, vers l' Egypte, m'appelle.
Toi, qu'en vain poursuivit la haine fraternelle,
O Joseph! que de fois se couvrit de nos pleurs
La page attendrissante, où vivent tes malheurs!
Tu n'es plus; ô revers! près du nil ameneés,
Les fidèles Tribus gémissent enchainées:
Jehova les protège, il finira leurs maux.
Quel est ce jeune enfant, qui flotte sur les eaux?
C'est lui, qui des hébreux finira l'esclavage.
Fille des Pharaons, courez sur le rivage,
Préparez un abri, loin d'un père cruel,
A ce berceau, chargé des destins d' Israël.
La mer s'ouvre; Israël chante sa délivrance.
C'est, sur ce haut sommet, qu'en un jour d'alliance.
Descendit, avec pompe, en des torrents de feu,
Le nuage tonnant, qui renfermoit un Dieu.
Dirai-je la colonne, et lumineuse, et sombre,
Et le désert, témoin de merveilles sans nombre?
Aux murs de Gabaon le Soleil arrêté,
Ruth, Samson, Débora, la fille de Jephté,
Qui s'apprête à la mort, et, parmi ses compagnes,
Vierge encor, va, deux mois, pleurer sur les montagnes?
Mais les Juifs, aveuglés, veulent changer leurs lois:
Le ciel, pour les punir leur accorde des Rois.
Saül regne; il n'est plus; un berger le remplace:
L'Espoir des nations doit sortir de sa race.

Le plus vaillant des Rois du plus sage est suivi.
Accourez, accourez, descendans de Lévi!
Et du temple éternel venez marquer l'enceinte.
Cependant dix Tribus ont fui la Cité Sainte.
Je renverse, en passant, les autels des faux Dieux,
Je suis le char d'Elie, emporté dans les cieux;
Tobie et Raguel m' invitent à leur Table:
J' entends ces hommes Saints, dont la voix redoutable
Ainsi que le passé, racontoit l' avenir.
Je vois, au jour marqué, les empires finir.
Sidon, Reine des eaux, tu n'es donc plus que cendre?
Vers l'euphrate étonné, quels cris se font entendre?
Toi, qui pleurois, assis près d'un fleuve étranger,
Console-toi, Juda, tes destins vont changer.
Regarde cette main vengeresse du crime,
Qui désigne à la mort le tyran qui t'opprime.
Bientôt Jérusalem reverra ses enfans,
Esdras et Macchabée; et ses fils triomphans
Raniment de Sion, la lumière obscurcie.
Ma course enfin s'arrête au berceau du Messie.

Par M. de Fontanes.

[illegible]

[illegible] Rois [illegible]

Accourez, accourez, [illegible] !

[illegible]

Cependant ces Trône[s] [illegible]

[illegible]

(1) [illegible]

Tobie et Rigaud [illegible]

[illegible]

Ainsi que la [illegible]

Je vois [illegible]

(2) Mon, Reine [illegible]

Vous [illegible]

Loi, qui [illegible]

Connais-tu [illegible]

Regarde [illegible]

(3) Qui désigne à [illegible]

[illegible]

[illegible] et [illegible]

[illegible]

(4) [illegible]

[illegible]

HISTOIRE
DE LA
RELIGION.

PROLOGUE.

L'Histoire montreroit sa naissance et son âge,
Si de l'homme en effet sa gloire étoit l'ouvrage;
Mais, avec l'univers, son âge prend son cours:
Elle nacquit le jour que nacquirent les jours.
Respectant désormais sa vérité Divine,
De la Religion j'y cherche l'origine.
Quand le ciel eût permis qu'à la race mortelle
Un livre conservât sa parole éternelle,
Aux neveux d'Israël, (Dieu les aimoit alors)
Moyse confia le plus grand des trésors.
Les fils de ces neveux conservérent le gage,
Qu'un père à ses enfans laissa pour héritage;
Et ce peuple obstiné garde encore aujourd'hui
Ce livre qu'autre fois le Ciel dicta pour lui.
Je m'arrête, et surpris d'un si nouveau Spectacle
Je contemple ce peuple, ou plutôt ce miracle.

Dans ce livre, par eux, de tout tems révéré,
Le nombre des mots même est un nombre sacré :
Ils ont peur qu'une main, téméraire et prophane,
Ose altérer, un jour, la loi qui les condamne,
La loi, qui, de leur long et cruel châtiment,
Montre, à leurs ennemis, le juste fondement,
Et nous apprend à nous, par quels profonds mystères,
Ces insensés, (hélas ! ils ont été nos pères,)
Ces gentils, qui n'étoient que les enfans d'Adam,
Ont été préférés aux enfans d'Abraham.
Du Dieu qui les poursuit, annonçant la justice,
Ils vont porter partout l'arrêt de leur supplice.
Sans villes, et sans rois, sans temples, sans autels ;
Vaincus, proscrits, errants, l'opprobre des mortels.
Pourquoi de tant de maux leur demander la cause ?
Va prendre, dans leurs mains, le livre qui l'expose ;
Là, tu suivras ce peuple, et liras, tour à tour,
Ce qu'il fût, ce qu'il est, ce qu'il doit être un jour.
Quoi ! tant de malheureux, répandus dans le monde,
Ne font qu'une famille, éparse et vagabonde !
Nés d'un Sang, qui jamais, dans un sang étranger,
Après un cours si long, n'a pû se mélanger ;
Nés du sang de Jacob, le père de leurs pères,
Dispersés, mais unis, ces hommes sont tous fréres !
Même Religion, même Législateur,
Ils respectent toujours le nom du même auteur.
L'heureux tems est promis qu'à nos ainés perfides,
Aux restes odieux de ces fils parricides,
Ce Dieu, tant outragé, doit pardonner un jour :
Contre toute espérance, espérons leur retour.
Oui ; le nom de Jacob, réveillant sa tendresse,
Il se rappellera son antique promesse ;
Il n'a point épuisé, pour eux, tout son trésor.

L'Arbre long-tems séché, doit refleurir encor:
Ils sont prédits les jours, où, par des pleurs sincères,
L'Enfant effacera l'opprobre de ses pères.
Tremblons à notre tour; ils sont aussi prédits,
Les jours, où l'on verra tous les coeurs refroidis.

PREMIER AGE.

Dieu précède les tems: qui dira sa naissance?
Par lui l'homme, le Ciel, la terre, tout commence.
Je vois, et je contemple un ouvrier parfait,
Dont, au commencement, la parole a tout fait.
Cet être, sans principe, et l'auteur de tout être,
Dieu des Dieux, Roi des Rois, seul Arbitre, seul Maître,
Tout-puissant, tout aimable, et toujours adoré,
Iouissoit de lui même, en son repos sacré.
L'instant donc arrivé, l'instant, où sa puissance
A la nature, au tems, doit donner l'existence;
Dieu tire du néant tous les êtres divers:
En six jours, il les séme, en ce vaste univers.
Ainsi qu'un pavillon, tissu d'or et de soie,
Le vaste azur des cieux, sous sa main, se déploie;
La lumière paroit: les Célestes flambeaux
Brillent au firmament: la Mer roule ses eaux;
La terre étale, au loin, sa plus riche parure,
Et se couvre de fleurs, de fruits et de verdure.
Dans l'onde, les poissons; les Oiseaux, dans les airs;
Tout bénit son auteur, par de nouveaux concerts:
L'Eternel va parler; Cieux et Terre! Silence!
Faisons l'homme, dit-il, à notre ressemblance.

Sur son front elevé, sa main grave ses traits.
Que ces beaux traits, grand Dieu, ne s'effacent jamais!
Ainsï l'homme, sorti d'une argile grossiére,
Dont son souffle ineffable anime la poussière!,
Et que doivent servir tous les êtres divers,
Comme dans son domaine, entre dans l'univers.
Il ne peut, sans orgueil, soutenir tant de gloire;
A l'ange séducteur il céde la victoire,
Et perd même ses droits à la félicité:
Droits, qu'il auroit transmis à sa postérité;
Mais que révoqua tous la suprême justice.
L'immuable décret d'un éternel supplice,
Régloit déjà le sort de l'Ange ténébreux.
Coupable comme lui, toutefois plus heureux,
Quand tout, pour le punir, s'armoit dans la nature.
L'homme entendit parler d'une grace future;
Et, dans le même arrêt, dont il fut accablé,
Par un mot d'espérance il se vit consolé.
A cet instant commence et se suit, d'âge en âge,
De l'homme réparé l'auguste et grand ouvrage;
Et son réparateur, alors comme aujourd'hui,
Ou promis, ou donné, réunit tout en lui.
Le père criminel d'une race proscrite
Peupla d'infortunés une terre maudite.
Pour prolonger des jours, destinés aux douleurs,
Naissent les premiers arts, enfans de nos malheurs.
La branche, en longs éclats, céde au bras qui l'arrache;
Par le fer faconnée, elle alonge la hache:
L'homme, avec son secours, non, sans un long effort,
Ebranle, et fait tomber l'arbre dont elle sort!
Et tandis qu'au fuseau la laine obéissante,
Suit une main légère; une main plus pesante
Frappe, à coups redoublés, l'enclume qui gémit.

La lime mord l'acier, et l'oreille en frémit.
Le Voyageur qu'arrête un obstacle liquid,
A l'écorce d'un bois confie un pied timide.
Retenu par la peur, par l'intérêt pressé,
Il avance en tremblant; le fleuve est traversé.
Bientôt ils oseront, les yeux vers les étoiles,
S'abandonner aux mers sur la foi de leurs voiles.
Avant que, dans les pleurs, ils paîtrissent leur pain,
Avec de longs soupirs, ils ont brisé le grain;
Un ruisseau, parson cours; le vent, par son haleine;
Peut à leurs foibles bras épargner tant de peine;
Mais ces heureux secours, si présents à leurs yeux,
Quand ils les connoitront, le monde sera vieux.
Homme, né pour souffrir, prodige d'ignorance,
Où vas tu donc chercher ta stupide arrogance?
Tandis que le besoin, l'industrie et le temps
Polissent, par degrés, tous les arts différents;
Enfantés par l'orgueil, tous les crimes, en foule,
Inondent l'univers; le fier luit, le sang coule.
Le premier, que les champs bûrent avec horreur,
Fut le sang, qui d'un frère assouvit la fureur.

SECOND AGE.

Les Coupables, tombant d'amymes en abymes,
Fatiguérent le Ciel, par tant de nouveaux crimes,
Qu'enfin, lent à punir, mais las d'être outragé,
Par un coup éclatant leur maître fût vengé.
De la terre les eaux couvrent toute la face.
Ils sont ensevelis: c'était fait de leur race;
Mais un juste, épargné, avec tous ses enfans,
Rend au monde désert, de nouveaux habitans.

Noé, Sorti de l'Arche, offre des Sacrifices,
Et goûte du Sarment les funestes prémices.
Il partage la terre ; Sem obtient l'Orient,
A Cham échoit l'Afrique, à Japhet l'Occident,
La terre toutefois, jusques-là vigoureuse,
Perdit de tous ses fruits la douceur savoureuse.
Des animaux alors on chercha le secours :
Leur chair soutient nos corps, réduits à peu de jours.
Les poètes, dont l'art, par une audace étrange,
Sçait du faux et du vrai faire un confus mélange,
De leurs récits menteurs prirent pour fondemens
Les fidèles récits de tant d'événemens ;
Et, pour mieux amuser les oisives oreilles,
Cherchèrent, dans ces faits, leurs premières merveilles.
De là ces temps fameux qu'ils regrettent encor,
Doux empire de Rhée, age pur, siècle d'or,
Où, sans qu'il fut besoin de loix, ni de supplices,
L'amour de la vertu fit régner la justice :
Siècle d'or, (sous ce nom, puisqu'ils ont célébré
Ce siècle plus heureux, où l'or fut ignoré.)
Sobre dans ses désirs, l'homme, pour nourriture,
Se contentoit des fruits, offerts par la nature.
La mort, tardive, alors n'approchoit qu'à pas lents.
Mais, las de dépouiller les chênes de leurs glands,
Il essaya le fer sur l'animal timide :
La flèche, dans les airs, chercha l'oiseau rapide :
L'innocente brebis tomba sous sa fureur ;
Et ce sang, au carnage accoutumant son coeur,
Le fer devint bientôt l'instrument de sa perte ;
Et de crimes enfin la terre étoit couverte,
Lorsqu'un déluge affreux en fut le châtiment.
Tout nous rappelle encor ce grand événement :
Fable, histoire, physique, ont un même langage ;

Au livre des hébreux ainsi tout rend hommage,
Et même l'on diroit que, pour s'accréditer,
La fable, en sa naissance, ait voulu l'imiter,
Laissons-la toutefois s'égarer, dans sa course,
Et de la vérité suivons toujours la source.
La terre sort des eaux, et voit de toutes parts,
Reparoître les fruits, les hommes et les arts.
Tout renaît, les malheurs et les crimes ensemble:
Sous des toits chancelants, d'abord on se rassemble,
La crainte fait chercher des asiles plus sûrs:
On creuse les fossés, on éleve les murs:
Qu'une tour des mortels soit l'immortel ouvrage!
Dieu descend pour la voir, et confond leur langage;
Ne pouvant plus s'entendre, il se faut séparer;
Ils se rechercheront, mais pour se massacrer.
D'un important Voisin on jure la ruine.
On attaque, on renverse, on pille, on assassine.
Un brigand couronné, ce n'est plus un brigand,
C'est l'heureux fondateur d'un empire puissant,
Que d'un nouvel empire allarme la naissance.
Provinces, nations, royaumes, tout commence,
La terre sur son sein ne voit que potentats,
Qui partagent sa boue en superbes états:
Et sur elle on prépare aux majestés suprêmes,
Pourpre, trônes, palais, sceptres et diadèmes..
Mais lorsque, par le fer, leur droit est établi,
Les droits du Ciel sur eux tombent presqu'en oubli.
Et recherchant ce Dieu, dont la mémoire expire
Ils pensent le trouver dans tout ce qu'on admire.
Ils préférent, ingrats, après mille bienfaits,
Au Dieu qui les forma, tous les Dieux qu'ils ont faits:
Astres, Vils Animaux, et le bois, et la pierre,
Pour eux, tout devient Dieu, tout reçoit leur prière.

TROISIÈME AGE.

D'haran, en Chanaan, Abraham pélerin,
Fit sur ses ennemis un immense butin.
De l'infâme Sodôme il apprend l'incendie,
Dans Isaac son fils, la promesse est remplie.
Ce juste est un bon père, humain et bienfaisant,
Qui marche devant Dieu, qui chérit son enfant.
Fidèle adorateur de l'Arbitre suprême,
Craint, respecté des rois, plus grand que les rois même,
Opulent sans orgueil, vertueux sans effort,
Abraham jouissoit du plus illustre sort.
Un fils, de ses vertus imitateur docile,
Et fruit miraculeux d'une couche stérile;
Un fils à l'Eternel, consacré comme lui,
Etoit de sa vieillésse, et la gloire, et l'appui.
Quel appui, quel espoir! un oracle adorable
Lui promet, en ce fils, une race innombrable,
Un peuple redouté, fidèle, florissant,
Et toujours protégé du bras du tout puissant.
Mais toi, qui, dans son coeur, lis sa reconnaissance.
Grand Dieu! qu'exiges-tu de son obéissance?
Veux-tu le rendre encor, en éprouvant sa foi,
Plus digne des bienfaits qu'il a reçus de toi?
Sur le sommet d'un mont, dit le Souverain maître.
Qu' à des signes certains, je te ferai connoître,
Conduis cet Isaac, si tendrement aimé,
Et que ta main l'immole au Dieu qui l'a formé.
Quel Ordre! Quel Arrêt! Quelle atteinte soudaine!
Ah! le coeur d'Abraham ne la soutient qu'à peine.
Quoi, ce fils, pour qui seul il aime encor le jour,

Le fruit de tant de voeux, l'objet de tant d'amour,
En qui doit s'accomplir la promesse éternelle,
Va périr! et périr par la main paternelle!
Cruel père! ainsi donc tu pourras te trahir!
Oui, quand son Dieu commande, il ne sait qu'obéir.
O toi, qui vois, dit-il, la douleur qui me presse,
Grand Dieu! calme mon trouble et soutiens ma faiblesse.
Tu condamnes mon fils, je vais te l'immoler;
Mais pardonne à mes pleurs, quand son sang va couler;
S'ils peuvent t' offenser, mon coeur les désavoue;
Même, dans tes rigueurs, il t'admire et te loue.
Oui, la nature en vain murmure de ta loi;
Et qui suis-je, grand Dieu! pour me plaindre de toi?
Tes Arrêts pourroient-ils n'être plus légitimes?
N'aurois-tu plus le droit de choisir tes victimes?
Ce fils, que tu proscris, fut un don de ta main,
Don, peut être chéri d'un amour trop humain,
Lorsqu'elle le reprend, résigné, je l'adore,
Qu'elle ajoute à mes maux, si leur excès t'honore.
Mais d'un frivole espoir m'aurois-tu donc flatté?
Pourrois-tu n'être plus le Dieu de vérité?
Ah! pense qu'Isaac... loin, raison téméraire!
L'Eternel a parlé; C'est à toi de te taire.
Oui, Seigneur, Abraham n'en croira que sa foi.
Il dit, et n'écoutant que la suprême loi:
Consterné, mais toujours fidèle, et magnanime,
Dans le sein de la nuit, part avec la Victime:
Sur leurs pas, est conduit le fatal appareil;
Trois fois ils ont vû naître et mourir le Soleil.
O jours! O nuits! enfin l' aspect du lieu terrible
Frappe l'oeil d'Abraham, perce son coeur sensible.
Loin, stupide vertu! ce qui fait le héros,
N'est pas moins de sentir que de vaincre ses maux.

Sans suite, sans témoins, sur le mont redoutable,
Le feu, le glaive en main, ce père déplorable,
Dévoré de sanglots, qu'il a peine à cacher,
Conduit son Isaac, courbé sous son bucher.
Ils montent: chaque pas exerce sa constance;
Son coeur souffre, gémit, mais jamais ne balance.
Au sommet arrivés, un Autel est construit;
Mais son fils de son sort n'est pas encor instruit.
O douleur! il l'embrasse, et sur son sein le presse,
Fixe sur lui des yeux, accablés de tristesse,
S'attendrit, fond en pleurs, sent expirer sa voix,
Mon fils, dit-il enfin, le trouble où tu me vois,
Les pleurs que je répands, le transport qui m'anime,
Tout doit t'instruire, hélas! du choix de la victime,
L'Eternel... Sans mourir, puis-je te l'annoncer?
L'Eternel veut ton Sang; ma main doit le verser.
La victime, avec joie, à vos coups s'abandonne:
Frappez, dit Isaac, puisque Dieu vous l'ordonne:
De m'apprendre mon sort deviez vous différer?
Mon père, avez vous craint de m'en voir murmurer?
Le seigneur a parlé; sa victime l'adore;
Et je meurs trop heureux, si mon trépas l'honore.
Je sais qu'un autre sort vous fut promis en moi;
Mais quel sort est plus beau que d'accomplir sa loi?
J'ai vécu sans remords, j'expirerai sans crainte,
Je sens le poids du coup, dont votre ame est atteinte;
Mais à votre vertu son bras l'a mesuré:
Ainsi de vos pareils il doit être honoré.
Que votre foi s'anime et que vos larmes cessent.
A ces mots, il échappe à ses bras qui le pressent;
Sans trembler, sur l'autel se prosterne à genoux:
En expirant, grand Dieu, je bénirai tes coups.
Abraham éperdu, troublé, hors de lui-même,

Et près de succomber à sa douleur extrême,
Sur ce fils, qui bientôt doit tomber sous sa main,
Jette un regard perçant, qu'il détourne soudain.
Son coeur, saisi d'effroi, de cruauté l'accuse,
La nature, tremblante, à son bras se refuse;
Mais du père bientôt le fidèle est vainqueur:
Animé d'un saint zèle, il fait taire son coeur:
Il lui ferme l'accès au murmure, à la plainte,
Se prosterne, à son tour, sur la montagne sainte;
Ranimé par la foy de son fils innocent,
Il offre au Dieu très haût un bras obéissant;
Il attache au bûcher le fruit de sa vieillesse,
Laissant à Dieu le soin d'accomplir sa promesse;
Et lui sacrifiant, avec ce fils aimé,
Tout l'espoir de sa race, en lui seul renfermé,
Se tourne, prend le fer, lève le bras ..... arrête,
Crie une voix des Cieux, et respecte sa tête.
J'en jure par moi-même, a dit le Tout puissant,
Puisque j'ai vû ton bras, fidèle, obéissant,
Immoler ce cher fils à ta foi généreuse
Je te bénis.... ta race illustre, et plus nombreuse
Que les Astres des Cieux et les sables des Mers,
Par son sort, de ma gloire instruira l'univers;
Et c'est en elle enfin que, trop long temps proscrites,
Toutes les nations seront un jour bénites.
Isaac eut deux fils, tous deux frères jumeaux,
L'un, ami de la chasse, et l'autre des troupeaux.
A' Jacob Esaü céda son droit d'ainesse:
De Rébecca, ce droit, éveillant la tendresse,
Jacob, heureux objet de ses affections,
De son Père ravit les bénédictions.
Esaü l'accabla du poids de sa colère;
Mais des douze tribus Jacob devint le père.

Peut être plus sensible aux attraits innocens,
Il aimoit plus Joseph que ses autres enfans.
Un seul présent, offert par la main paternelle,
Attira, sur Joseph, la haine fraternelle.
Un jour que, dans Sichem, auprès d'eux, sans frayeur,
Il offroit, en secret, tous ses voeux au Seigneur,
A' l'ombre de palmiers touffus et solitaires,
Il se voit tout-à-coup assailli par ses fréres;
Rien ne peut les toucher: L' innocence et les pleurs
Ne peuvent point, hélas! désarmer leurs fureurs;
Ils le plongent d'abord dans un humide Abyme,
Et le vendent après, pour consommer leur crime.
Dans les desseins de Dieu, leur injuste rigueur
Fut dès lors le premier dégré de sa grandeur.
Comme une tendre fleur, par le vent agitée,
Et, sous un Ciel nouveau, tout à coup transplantée,
Il se trouve longtemps, en butte à des malheurs,
Dont le récit touchant nous arrache des pleurs.
Inaccessible aux voeux d'une femme adultère,
Il ne balance pas à braver sa colère.
Joseph étoit orné de tous les dons des cieux,
Et de l'homme pervers l'abord contagieux
Ne pouvoit altérer cette simple innocence,
Qui se peignoit, en lui, dès sa plus tendre enfance.
De l'aimable vertu doux et puissants attraits!
Tout respire, en Joseph, l'innocence et la paix.
Ses vertus, ses conseils, et sa rare prudence,
L'élèvent au plus haut degré de la puissance.
O Dieu! par quelle voie, inconnue aux mortels,
Vous conduisez toujours vos desseins éternels!
Pharaon veut que tout à sa gloire conspire,
Le proclame, après lui, le premier de l'Empire,
Remet, entre ses mains, et le Royal anneau,

Et son sceptre, ou plutôt de son pouvoir le sceau.
Il veut que, de son nom, la cité retentisse,
Et qu'à son seul aspect chaque genou fléchisse.
Par quel gage plus beau, plus digne d'un grand Roi,
Peut-il récompenser le mérite et la foy?
Joseph, heureux appui du thrône de son maître,
Ecarte, loin de lui, le flatteur et le traître:
Ame de ses conseils, il lui dicte les loix;
Du sceptre, dans sa main, il soulage le poids.
L'esprit divin guidant sa sage prévoyance,
Il triple ses trésors dans le temps d'abondance,
Fait des greniers publics, en d'immenses terrains,
Et construit des monceaux et des meules de grains.
Cependant la famine, étendant ses ravages,
Frappoit également les sexes et les âges;
Les enfans de Jacob éprouvoient ses rigueurs:
Joseph, dans l'abondance, au faîte des honneurs,
Pouvoit-il oublier, surtout son tendre frère,
Le jeune Benjamin, et son auguste père,
Et même les auteurs de sa Captivité,
D'Isaac, de Jacob, chère postérité?
Dieu les mène à ses pieds; ils s'offrent à sa vüe:
Quelle langue pourroit peindre leur entrevüe?
Laissons à des pinceaux, plus doux et plus touchans,
De peindre de ces faits les traits attendrissans.
Admirons, en passant, de job la patience,
Que Dieu couronne enfin d' une grande opulence.
Les hébreux, harassés, et dans l' affliction,
Sous le Joug Egyptien, souffroient l' oppression.
Un nouveau pharaon, ivre de sa puissance,
Méconnoissant les loix de la reconnoissance,
Envers ces étrangers et leur illustre Chef,
Fouloit tout, à ses pieds, jusqu' au nom de joseph.

Un ministre flatteur, devant lui, se déclare :
Ce ministre perfide, infidèle et barbare,
Peint ce peuple nombreux, puissant, séditieux,
Leur Dieu même ennemi de tous les autres Dieux,
Fait craindre que ce peuple en secret ne conspire,
Et d' un culte profane infectant son empire,
Etranger dans l' Egypte, à ses loix opposé,
Ne soit, un jour, de moeurs, d' intérêts divisé.
Le Roi, sans écouter un avis salutaire,
Ose signer, lui-même, un édit sanguinaire,
Contre chaque enfant mâle ; et, dans tous ses états,
Fait publier l' arrêt de tant d' assassinats.
Mais le Dieu, qui, du haut des voûtes éternelles,
Regarde, avec pitié, les trames criminelles,
Au milieu de la cour, au sein de la grandeur,
Pour son peuple opprimé, préparoit un vengeur.
Au Dieu des potentats est-il rien d' impossible ?
Pour obéir aux loix du tyran inflexible,
Moyse, par sa mère, au nil abandonné,
Se voit, presqu' en naissant, à la mort condamné.
Fille de Pharaon, trop heureuse princesse,
Par un sublime élan d' une noble tendresse,
Portez, portez vos pas, vers ce berceau flottant ;
Voyez les traits divins du précieux enfant,
Qui réclame de vous, contre la barbarie,
Une seconde mère, une seconde vie.
O trop aimable enfant ! ô pauvre infortuné !
A périr tristement seriez-vous condamné ?
Non, Dieu le conservant, contre toute espérance,
Fait, par le tyran même, élever son enfance.
Un jour, on le verra, cet enfant merveilleux,
Abaisser la hauteur de ce thrône orgueilleux ;
Le jour heureux arrive, où le Dieu des armées,

Va consoler enfin les tribus allarmées,
Et de son bras puissant faire éclater l' appui;
Car le cri de son peuple est monté jusqu' à lui.
Dans un buisson ardent, entouré d'un nuage,
Le Seigneur à Moyse adresse ce langage:
Pharaon, obstiné dans son impiété,
Voudroit du Dieu vivant braver la majesté.
Trop longtemps j' ai souffert l' audace criminelle,
Je voulois éprouver de mon peuple le zèle:
C' est moi, qui vous envoie: allez tarir ses pleurs,
Et mettre enfin un terme à ses trop longs malheurs;
Armez vous du courage et du feu des prophètes,
Osez à ce tyran déclarer qui vous êtes.
Moyse lui répond: eh! qui suis-je, Seigneur,
Pour pouvoir à ce prince inspirer la terreur.
Dieu dit: présentez vous à ce tyran farouche,
Je mettrai ma parole alors en votre bouche:
Exécutez mon ordre, et ne balancez pas;
Que votre frère Aaron accompagne vos pas:
Le moment est venu: sa prompte obéissance,
Va d'un Roi redoutable affronter la présence.
Je viens, lui dit Moyse, au nom du Roi du Ciel;
Il veut briser les fers des enfans d' Israël.
Eh! quel est, dit le Roi, ce prince formidable,
Qui brave insolemment mon sceptre redoutable?
Seroit-ce aux Pharaons, aux plus puissans des Rois,
Qu' un mortel, quelqu'il soit, pourroit dicter des loix?
Quel est donc ce Seigneur, ce Roi qui vous envoie,
Et qui de mes devoirs prétend tracer la voie?
Ce Roi, dit L'Envoyé, Roi des Rois, Dieu des Dieux,
N'est point tel que l'erreur le figure à vos yeux;
L'Eternel est son nom, le monde est son ouvrage,
Il entend les soupirs de l'humble qu'on outrage,

Juge tous les mortels avec d'égales loix,
Et, du haut de son thrône, interroge les Rois.
Des plus f ermes états la chûte épouvantable,
Quand il veut, n'est qu'un jeu de sa main redoutable.
A ces mots, Pharaon sur son thrône palit :
Son esprit vain se trouble, et son coeur s'endurcit.
Ce Tyran ombrageux, en proie à son délire,
Aggrave d'Israël le joug dans son Empire,
Allez, dit le Seigneur, revendiquer mes droits,
Et venger les sujets qui vivent sous mes loix.
Partez; que votre voix frappe envain ses oreilles,
Et vous verrez bientôt éclater des merveilles.
Ouï, je veux de mon peuple enfin briser les fers,
Et de mes chatîmens étonner l'univers.
En effet du trés haut la trop lente colére,
Frappa les animaux du plus affreux Ulcère.
Pendant trois jours entiers, quand l'astre étincelant,
D'un voile ensanglanté couvrit son front brillant,
Ce deuil glaça d'effroi L'Egypte criminelle,
Et fit craindre au Tyran une nuit éternelle;
L'onde, changée en sang, roula des flots impurs,
Et de la Capitale épouvanta les murs.
Les coupables saisis de ce sanglant spectacle,
Reconnoissent enfin l'auteur de ce miracle.
De ces scènes d'horreur bientôt le souvenir,
Disparoit, et chacun s'endort dans l'avenir.
Mais, ô sommeil terrible! ô nuit épouvantable,
Où la mort fait brandir son sceptre redoutable!
L'Ange Exterminateur, soudain se dévoilant,
Frappe les premiers nés du glaive étincelant.
Au milieu de la nuit, tandisque tous sommeillent,
Des cris d'effroi partout en sursaut les réveillent.
L'Egypte pousse au ciel des hurlemens affreux,

Et le Roi sur le champ fait partir les hébreux.
Moyse du départ dirige la conduite,
Et Dieu des ses enfans doit assurer la fuite.

QUATRIÉME AGE.

Je vois l'ange du Ciel qui, marchant devant eux,
Les introduit lui-même, en un désert affreux,
Sur les stériles bords que la Mer-Rouge arrose;
Et c'est là que d'abord Israël se repose.
La colonne de feu, qui brille derrière eux,
Offre, à leurs ennemis, un côté ténébreux.
Cependant Pharaon, tout honteux de leur fuite,
Pour venger son honneur, s'obstine à leur poursuite,
Anime ses soldats, pousse ses chariots,
Cherche à précipiter Israël dans les flots.
Rassure toi, Jacob: pourqnoi craindre leurs pièges?
La mer engloutira ces tyrans sacrilèges.
A peine, vers la mer, Moyse étend la main,
Invoquant du très-haut le pouvoir souverain;
Du liquide élément l'onde respectueuse,
Suspendant tout-à-coup sa course impétueuse,
S'ouvre, et, se repliant, en deux monts de cristal,
Laisse la terre à sec, au fond de son Canal.
Le peuple aimé de Dieu le traverse avec joie:
Pharaon veut aussi suivre la même voie;
Mais la main du seignenr brise ses chariots,
Et les submerge tous dans l'abyme des flots.
Qui croiroit qu' Israël, ingrat et indocile,
Regretteroit l'Egypte, et son vallon fertile?
Le Dieu, plein de bonté, fait descendre, des cieux,

Une manne divine, un pain délicieux.
Leur bouche néanmoins s'ouvre encore au murmure ;
Et, sur le mont Horeb, soudain une onde pure
D'un aride rocher jaillit abondamment :
Ainsi Dieu se vengeoit de leur aveuglement.
Tandis que Josué défait l'amalécite,
Race, que le seigneur de sa bouche a maudite,
Par un instinct divin, Moyse étend les bras,
Invoquant, avec foy, l'arbitre des combats.
Le peuple d'Israël, plein d'une sainte joie,
Bénit le Dieu très haut, et celui qu'il envoie.
Par les mains de Moyse un autel élevé
Atteste les bienfaits du Dieu qui l'a sauvé.
De la tradition tous les titres de gloire,
Et de ces faits divins la magnifique histoire,
Passant de bouche en bouche, il falloit qu'en tous lieux
Il ne s'altèrât pas ce dépôt précieux ;
Mais Dieu, qui, dans les cieux, veille à son propre ouvrage,
Devoit le garantir de ce profane outrage.
Au haut de Sinaï, ce mont si renommé ;
Dans un nuage épais, le Seigneur enfermé,
Fit luire, aux yeux mortels, un rayon de sa gloire,
Pour laisser de son nom l' éclatante mémoire.
Quel cortège imposant de force et de terreur,
Pour mieux graver ses loix dans le fond de leur coeur !
Du milieu des éclairs, la trompette brillante,
Et sur son char de feu, la foudre étincelante
Font trembler l' univers jusqu'en ses fondemens,
Et semblent menacer l'ordre des élémens.
Approchez cependant de ce thrône terrible ;
Non, ce Dieu bon, pour vous n'est pas inaccessible :
C'est votre tendre père ; approchez, peuple heureux,
Il vient, pour révéler aux enfans des hébreux,

De ses préceptes saints la lumière immortelle ,
Et de tous vos devoirs la justice éternelle .
Dieu frappe , en longs éclats , un coup d' étonnement ,
Et fait sortir sa voix du nuage fumant .
A peine du Seigneur la voix est entendue ,
Que Moyse s'approche et s'enferme en la nüe .
Quel sublime entretien ! Dieu parle en souverain ;
Il lui dicte ses loix , les écrit de sa main .
Comme il doit présider à toutes leurs conquêtes ,
Il veut aussi regler leurs rites et leurs fêtes .
Des décrets du très haut tel fut l'ordre éternel :
Lui-même il lui traça son temple et son autel ,
Aux seuls enfants d'Aaron commit les sacrifices ,
Aux lévites marqua leur place et leurs offices ,
Et surtout défendit , à leur postérité ,
Avec tout autre Dieu toute société .
Mais quand leur chef reçoit , avec une humble crainte ,
Les oracles sacrés de sa volonté sainte ;
A' l'affreux Dieu dû Nil , le volage Israël
Rend , au milieu du camp , un culte criminel ;
Du Dieu législateur oubliant la parole ,
Au monstrueux veau d'or , à cette infâme idole ,
Il prodigue ses chants , son encens et ses voeux .
Les enfants de Lévi , de tous ces malheureux ,
Des proches , des parens saintement homicides ,
Consacrèrent leurs mains dans le sang des perfides ;
Et , par ce noble exploit , ils s'acquirent l'honneur
D'être seuls employés aux autels du Seigneur .
Cependant , de Moyse exauçant la prière ,
Le Seigneur , de son doigt , sur des tables de pierre ,
Grave encor de nouveau les dix commandemens ;
Mais il mande Moyse exiger leurs sermens .
Allez , dit le Seigneur , vers ce peuple rebelle ,

Vous assurer s'il veut enfin m' être fidèle;
Appellez tout le peuple, et montrez lui la loi;
Qu' il vienne entre vos mains renouveller sa foy.
Dèsque le peuple voit sa tête rayonnante,
Il ne peut soutenir sa face étincelante.
Chacun baisse les yeux: une pâle frayeur
De ce peuple attristé serre et glace le coeur.
Aaron n'ose avancer, il tremble à son approche,
Son seul regard lui semble un éternel reproche.
An nom de Dieu, Moyse, en élevant la voix,
Développe à leurs coeurs le texte de ses loix.
Voici la loi, dit-il; si vous voulez la suivre,
Jurez donc, avant-tout, sur cet auguste livre,
Jurez, sur cette loi, qu' il vous donne aujourd' hui,
De vivre, de combattre, et de mourir pour lui.
Voulez-vous au seigneur être toujours fidèle?
Faites de cette loi votre règle éternelle:
Promettez hautement, et devant ces témoins,
Que Dieu sera toujours le premier de vos soins:
Si quelque transgresseur enfreint cette promesse,
Qu'il éprouve, Grand Dieu! ta fureur vengeresse;
Qu' avec lui ses enfants, de ton partage exclus,
Soient au rang de ces morts que tu ne connois plus.
Au feu de ses regards, au son de ses paroles.
Israël, en secret, déteste ses idoles;
Et dans un saint transport de joie et de ferveur,
il s'écrie, en ces mots, devant le Dieu vengeur:
Oui, nous jurons ici pour nous, et pour nos frères,
De n' avoir d'autre Dieu que le Dieu de nos pères.
De ne poser le fer, entre nos mains remis,
Qu'après l'avoir vengé de tous ses ennemis.
Ainsi tous, en ce jour, pleins de reconnoissance,
De Jacob, avec Dieu, confirment l'alliance;

Et, saintement confus de leurs égaremens,
Se rengagent à lui par de nouveaux sermens.
Le grand prêtre, du sang de la chair immolée,
Arrose tour-à-tour l'a utel et l'assemblée,
Après avoir au Dieu, qui nourrit les humains,
De la moisson nouvelle offert les premiers pains;
Et lui présente encore, entre ses mains sanglantes,
Des victimes de paix les entrailles brûlantes.
Pour cimenter ses loix, cependant le Seigneur,
Dans tous les alentours, répandoit la terreur;
Du haut de l'autel saint, il rendoit des oracles,
Et conservoit son peuple, au milieu des miracles:
Mais ce peuple, oubliant ses sermens solemnels.
Insultoit à Moyse, insultoit aux autels.
On le voyoit toujours, enfant de servitude,
A' ses égaremens unir l' ingratitude,
Jusqu' au murmure oser pousser l'*impiété*,
Tandis que le Seigneur le combloit de bonté:
Dans le camp, tout-à-coup une ardente colère,
Alluma du Seigneur le visage sévère.
Abymes entr' ouverts, pierres, feux et serpens,
Tout, dans la main de Dieu, servit de chatimens.
Dieu bénit les Tribus par les mains de Moyse,
Lui donna le coup d'oeil de la terre promise.
Sur le mont Abarim, chargé d'ans et d'honneur,
Moyse s'endormit dans la paix du Seigneur.
Josué, d'Israël et l'honneur et la gloire,
Conduit le peuple hébreu, de victoire en victoire:
Tant qu'il est révêtu du souverain pouvoir,
Il maintient les tribus toujours dans le devoir.
Tandis qu'autour de lui regne l'idolatrie,
Chez d'ignorants hébreux, femme, enfant, tout pnblie:
C'est de toute notre ame, et de tout notre coeur

Que nous devons aimer notre Dieu, le Seigneur,
L'être unique, qui fit le ciel, la terre et l'homme :
Je suis celui qui suis : c'est ainsi qu'il se nomme.
Et sur l'homme, et sur Dieu, sublimes vérités!
Dans un pays obscur, d'où viennent ces clartés?
Ce seul coin de la terre est sauvé du naufrage,
Le Dieu, qui le protège, en écarte l'orage;
L'ordre des Elémens se renverse à sa voix;
La nature est contrainte à s'écarter des loix,
Qu'au premier jour du monde, il lui dicta, lui même,
Mais que change, à son gré, sa volonté suprême.
L'arche, de Jéricho fait écrouler les tours,
Et force le Jourdain à rebrousser son cours :
Ce fleuve, à son aspect, remonte vers sa source;
L'astre pompeux du jour s'arrête, dans sa course,
A la voix d'un seul homme ; et ce chef valeureux,
Après avoir vaincû trente Rois malheureux,
Fait entrer les tribus dans leur saint héritage,
Et, du pays conquis, fait le plus beau partage.
Josué meurt enfin, regretté des hébreux;
Caleb, chef de Juda, fait un exemple affreux,
Sur Adonibesec : et sa juste vengeance,
Punit, en ce tyran, l'abus de sa puissance
Sur soixante et dix Rois .... bientôt, sans conducteur,
Israël se livroit aux désirs de son coeur;
Pour punir de la loi ces indignes transfuges,
Et pour les gouverner, dieu leur donne des juges.
Othoniel commence : après Othoniel,
Aod, et puis Samgar gouvernent Israël.
Les hébreux, pour le mal toujours premts et faciles,
Au joug des saintes loix si souvent indociles,
Tentent de se soustraire â l'empire divin;
Dieu, pour les châtier, les livre au Roi Jabin,

Qui les tient enchaînés dans un rude esclavage.
Ils réclament de Dieu son antique héritage.
Favorable à leurs voeux, Dieu choisit Débora.
Le Roi de Chanaan oppose Sisara.
L'illustre Débora, sage, active, intrépide,
Elevée au dessus de son sexe timide,
Voit bientôt à ses pieds tomber ses ennemis;
La peur les a glacés, et Dieu les a soumis.
Leur chef même, cherchant son salut dans la fuite,
Se cache tout honteux, sans témoin et sans suite.
Le Seigneur, pour venger l'opprobre d'Israël
Suscite, en ce moment, un vengeur dans Jaël;
Cette femme immortelle, au risque de sa vie,
De l'ennemi de Dieu perce la tête impie:
Ainsi le ciel choisit deux foibles instrumens,
Pour confondre l'orgueil de ses plus fiers Tyrans.
Israël, peuple ingrat, et né pour l'esclavage
Hardi contre Dieu seul, et l'irrite et l'outrage.
Depuis qu'à Pharaon ce peuple est échappé,
Une égale stupeur ne l'avoit point frappé.
Il invoque le Dieu qu'ont invoqué ses pères,
Mèle même à ses pleurs, des promesses sincères.
Dieu montre Gédéon, nommé Jérobaal,
Qui renverse d'abord les autels de Baal.
En vain, contre Israël, le lâche Amalécite
Unit tous ses efforts au fier Madianite.
L'ange de Dieu, bientôt, par la double-Toison
Attestant son secours, rassure Gédéon.
Comme le vent, dans l'air, dissipe la fumée
La voix du Tout-puissant dissipe leur armée;
Partout en même temps la trompette a sonné,
Et ses sons et les cris, dans le camp étonné,
Ont répandû le trouble et la terreur subite;

Gédéon triomphant les a mis tous en fuite.
Les alliés, jettant armes et boucliers,
Ont, par divers chemins, disparû les premiers.
La mort de Gédéon trahit toute espérance :
L'atroce Abimelech, usurpant sa puissance,
Fit mourir tous ses fils, excepté Joathan,
Qui sçut se dérober au glaive du tyran.
Fratricide odieux, nourri dans les allarmes,
Abimelech, enflé du succès de ses armes,
Détruit d'abord Sichem jusques aux fondemens,
Et ne laisse partout que d'affreux monumens.
Mais, du haut d'une tour, un grand éclat de pierre
Lancé par une femme, abrège sa carrière.
Comme de son orgueil Sichem fût le berceau,
Thèbes en fût aussi le terme et le tombeau.
Thola maintient les Juifs sous son obéissance,
Jaïr ensuite obtient la suprême puissance;
Enfin, au gré de tous, le généreux Jephté
Devient seul héritier de la principauté.
Aussitôt, pour venger tous les Israélites,
Il déclare la guerre au roi des ammonites;
Et, par un voeu, fatal autant que solemnel,
Père trop imprudent, promet à l' Eternel
D'immoler, sous ses yeux, d' immoler à sa gloire
L'objet qui, le premier, s' offre aprés la victoire.
Il s' avance au combat, défait les ennemis;
Et tandis qu' il les voit tous à ses pieds soumis,
L' objet le plus chéri vient troubler sa conquête,
Et change, en jour de deuil, son plus beau jour de fête.
Sa fille, ivre de joie, est le premier objet,
Qui frappe les regards du vainqueur indiscret.
Tout à coup, sur le front du père inconsolable.
Se peint de la douleur l' image déplorable

Il jette, autour de lui, des regards abattus :
Ses beaux jours sont passés, son triomphe n'est plus.
Il n'ose, sur sa fille, encor jetter la vue,
Il voudroit lui parler, et sa voix s' est perdue;
Enfin il la regarde; et, parmi les sanglots,
Tremblant, pâle, sans force, il prononce ces mots :
C' en est fait : à mes yeux il n'est plus de conquête,
D'un triomphe si beau je déteste la fête :
O ma fille, contemple un père infortuné
Quoiqu' encor de lauriers et de fleurs couronné.
O douleur ! ô regrets ! ô ciel ! que dois-je faire ?
Puis-je te révéler ce voeu si téméraire ?
Ma fille, à quel combat faut-il te préparer !
Auprès de l'autel saint, je dois te consacrer :
J' en ai fait le serment au Dieu de la victoire,
Je ne peux y manquer, sans en ternir la gloire.
Ma fille, faut-il donc te perdre pour toujours
Et par ton sacrifice empoisonner mes jours ?......
Contente de périr, s'il faut que je périsse,
J' irai, pour mon pays, m' offrir en sacrifice.
Oui, puisqu' à l' autel saint, par la virginité,
Je dois, pour plaire à Dieu, moi, fille de Jephté,
A' son culte divin m' immoler toute entière,
Une fille n'a rien qui ne soit à son père.
Cessez de vous troubler, mon père, me voici :
Quand vous commanderez, vous serez obéi.
Vos ordres, sans détour, peuvent se faire entendre;
Voici ma liberté : vous pouvez la reprendre;
D'un oeil aussi content, d'un coeur aussi soumis,
Que j' acceptai l' époux que vous m'aviez promis,
Mon père, je sçaurai, victime obéissante.
Immoler au seigneur une vie innocente.
L' illusion des sens a fui loin de mes yeux :

Jephté doit obéir aux volontés des cieux.
Eh! comment résister, sans renier mon père,
Et la voix qui me parle, et le Dieu qui m' éclaire?
Eh! quoi! je ne sçaurois marcher dans le saint lieu;
N'y même y faire un pas, sans y trouver mon Dieu;
Et je pourrois encore, ingrate créature,
Refuser le torrent de sa volupté pure,
Les gages du bonheur, l'innocence, la paix,
L' aurore du beau jour qui ne finit jamais!
Non, non, je n' irai point, sur la montagne sainte,
Y faire retentir une importune plainte:
O mon Dieu! c'en est fait: vous l'avez ordonné:
Je veux vous rendre un coeur que vous m' avez donné.
Ainsi Jephté va voir ses compagnes si chères,
Pleure, deux mois entiers, au tombeau de ses pères;
Et bientôt de retour, aux pieds de l' Eternel,
Se voue au culte saint, et se voue à l'autel.
Abésan, investi de la judicature,
Gouverna les hébreux avec zèle et droiture;
Il eut pour successeur le juge Ahialon,
Qui fut suivi plus tard du nouveau juge Abdon.
C' est alors que, de Ruth (1) en bénissant le zèle,
De l'amour filial Dieu nous offre un modèle.
Il proscrit de nouveau le coupable Israël,
Qui ne craint pas de rendre un culte criminel
Aux simulacres vains d' une idole insensible;
Et, pour le châtier de ce forfait horrible,
Dieu, pendant quarante ans, le livre aux Philistins;
Mais il choisit bientôt, pour de nobles destins,
Un seul homme, Samson, dont la force invincible
Doit, sans aucun secours, rendre son nom terrible,
De son peuple chéri briser enfin les fers,
Et faire respecter les Juifs jusqu' aux deux mers.
Samson, juge des Juifs, par mille stratagêmes,

(1) Voyez-ci-après L'Eglogue de Ruth, par Florian.

Lui sourit, l'encourage ; et, quittant ces climats,
De l'antique Jacob va chercher les états.

De son peuple chéri Dieu réparoit les pertes ;
Noémi de moissons voit les plaines convertes.
Enfin, s'écria-t-elle, en tombant à genoux,
Le bras de l'Eternel ne pèse plus sur nous :
Que ma reconnoissance à ses yeux se déploie ;
Voici les premiers pleurs que je donne à la joie.
Vous voyez Bethléem, ma fille ; cet ormeau
De la tendre Rachel vous marque le tombeau.
Le front dans la poussière, adorons en silence
Du Dieu de mes aïeux la bonté, la puissance.
C'est ici qu'Abraham parloit à l'Eternel.
Ruth baise avec respect la terre d'Israël.
Bientôt de leur retour la nouvelle est semée.
A peine de ce bruit la ville est informée
Que tous vers Noémi précipitent leurs pas.
Plus d'un vieillard surpris ne la reconnoît pas :
Quoi ! c'est là Noémi ! Non, leur répondit-elle ;
Ce n'est plus Noémi : ce nom veut dire belle ;
J'ai perdu ma beauté, mes fils et mon ami :
Nommez-moi malhéureuse, et non pas Noémi.

Dans ce temps, de Juda les nombreuses familles
Recueilloient les épis tombant sous les faucilles :
Ruth veut aller glaner. Le jour à peine luit
Qu'au champ du vieux Booz le hazard la conduit ;
De Booz dont Juda respecte la sagesse,
Vertueux sans orgueil, indulgent sans foiblesse,
Et qui, des malheureux l'amour et le soutien,
Depuis quatre-vingts ans fait tous les jours du bien.
Ruth suivoit dans son champ la dernière glaneuse :

Etrangère et timide, elle se trouve heureuse
De ramasser l'épi qu'un autre a dédaigné.
Booz, qui l'aperçoit, vers elle est entraîné :
Ma fille, lui dit-il, glanez près des javelles,
Les pauvres ont des droits sur des moissons si belles.
Mais vers ces deux palmiers suivez plutôt mes pas,
Venez des moissonneurs partager le repas.
Le maître de ce champ par ma voix vous l'ordonne :
Ce n'est que pour donner que le Seigneur nous donne.
Il dit. Ruth à genoux de pleurs baigne sa main.
Le vieillard la conduit au champêtre festin.
Les moissonneurs, charmés de ses traits, de sa grâce,
Veulent qu'au milieu d'eux elle prenne sa place,
De leur pain, de leurs mets lui donnent la moitié ;
Et Ruth, riche des dons que lui fait l'amitié,
Songeant que Noémi languit dans la misère ;
Pleure, et garde son pain pour en nourrir sa mère.
Bientôt elle se lève, et retourne aux sillons,
Booz parle à celui qui veilloit aux moissons :
Fais tomber, lui dit-il, les épis autour d'elle,
Et prends garde sur-tout que rien ne te décèle :
Il faut que sans te voir elle pense glaner,
Tandis que par nos soins elle va moissonner.
Epargne à sa pudeur trop de reconnoissance,
Et gardons le secret de notre bienfaisance.
Le zélé serviteur se presse d'obéir ;
Par-tout aux yeux de Ruth un épi vient s'offrir.
Elle porte ces biens vers le toit solitaire
Où Noémi cachoit ses pleurs et sa misère,
Elle arrive en chantant : Bénissons le Seigneur,
Dit-elle ; de Booz il a touché le coeur.
A glaner dans son champ ce vieillard m'encourage ;
Il dit que sa moisson du pauvre est l'héritage.

De son travail alors elle montre le fruit :
Oui, lui dit Noémi, l'Eternel vous conduit :
Il veut votre bonheur, n'en doutez point, ma fille.
Le vertueux Booz est de notre famille :
Et nos lois .... Je ne puis vous expliquer ces mots,
Mais retournez demain dans le champ de Booz :
Il vous demandera quel sang vous a fait naître ;
Répondez : Noémi vous le fera connoître :
La veuve de son fils embrasse vos genoux ;
Tous mes desseins alors seront connus de vous.
Je n'en puis dire plus : soyez sûre d'avance
Que le sage Booz respecte l'innocence,
Et que vous voir heureuse est mon plus cher désir.
Ruth embrasse sa mère, et promet d'obéir.
Bientôt un doux sommeil vient fermer sa paupière.

Le soleil n'avoit pas commencé sa carrière
Que Ruth est dans le champ. Les moissonneurs lassés
Dormoient près des épis autour d'eux dispersés ;
Le jour commence à naître, aucun ne se réveille.
Mais aux premiers rayons de l'aurore vermeille,
Parmi ses serviteurs Ruth reconnoit Booz.
D'un paisible sommeil il goûtoit le repos ;
Des gerbes soutenoient sa tête vénérable.
Ruth s'arrête : O vieillard, soutien du misérable !
Que l'Ange du Seigneur garde tes cheveux blancs !
Dieu, pour se faire aimer, doit prolonger tes ans.
Quelle sérénité se peint sur ton visage !
Comme ton coeur est pur, ton front est sans nuage.
Tu dors, et tu parois méditer des bienfaits :
Un songe t'offre-t-il les heureux que tu fais ?
Ah ! s'il parle de moi, de ma tendresse extrême,
Crois-le ; ce songe, hélas ! est la vérité même.

Le vieillard se réveille à ces accents si doux :
Pardonnez, lui dit Ruth, j'osois prier pour vous ;
Mes voeux étoient dictés par la reconnoissance :
Chérir son bienfaiteur ne peut être une offense ;
Un sentiment si pur doit-il se réprimer ?
Non : ma mère me dit que je puis vous aimer.
De Noémi dans moi reconnoissez la fille :
Est-il vrai que Booz soit de notre famille ?
Mon coeur et Noémi me l'assurent tous deux.
O ciel ! répond Booz, ô jour trois fois heureux !
Vous êtes cette Ruth, cette aimable étrangère
Qui laissa son pays et ses dieux pour sa mère !
Je suis de votre sang ; et, selon notre loi,
Votre époux doit trouver un successeur en moi.
Mais puis je réclamer ce noble et saint usage ?
Je crains que mes vieux ans n'effarouchent votre âge ;
Si je suis heureux seul, ce n'est plus un bonheur.
Ah ! que ne lisez-vous dans le fond de mon coeur !
Lui dit Ruth ; vous verriez que la loi de ma mère
Me devient dans ce jour et plus douce et plus chère.
La rougeur, à ces mots, augmente ses attraits.
Booz tombe à ses pieds : *Je* vous donne à jamais
Et ma main et ma foi : le plus saint hyménée
Aujourd'hui va m'unir à votre destinée.
A cette fête, hélas ! nous n'aurons pas l'amour ;
Mais l'amitié suffit pour en faire un beau *jour*.
Et vous, Dieu de Jacob, seul maître de ma vie,
Je ne me plaindrai point qu'elle me soit ravie.
Je ne veux que le temps et l'espoir, ô mon Dieu !
De laisser Ruth heureuse, en lui disant adieu.
Ruth le conduit alors dans les bras de sa mère.
Tous trois à l'Eternel adressent leur prière ;
Et le plus saint des noeuds en ce jour les unit.

Juda s'en glorifie ; et Dieu, qui les bénit,
Aux désirs de Booz permet que tout réponde,
Belle comme Rachel, comme Lia féconde,
Son épouse eut un fils ; et cet enfant si beau
Des bienfaits du Seigneur est un gage nouveau :
C'est l'aïeul de David. Noémi le caresse ;
Elle ne peut quitter ce fils de sa tendresse ;
Et dit, en le montrant sur son sein endormi :
Vous pouvez maintenant m'appeler Noémi.

Par Florian.

TOBIE

POËME TIRÉ DE L'ECRITURE SAINTE.

O vous, qui de cet âge, où l'on sort de l'enfance,
Conservez seulement la grâce et l'innocence,
Dont le précoce esprit, empressé de savoir,
Croit gagner un plaisir s'il apprend un devoir,
De Tobie écoutez l'antique et sainte histoire.
Dans ce simple récit, point d'amour, point de gloire:
C'est un juste, un bon père, un coeur pur, bienfaisant,
Qui n'aime que son Dieu, les humains, son enfant.
Ah! ces vertus pour vous ne sont point étrangères;
Lisez, lisez Tobie à côté de vos mères.
A Ninive autrefois, quand les tribus en pleurs,
Expioient dans les fers leurs coupables erreurs,
Il fut un juste encore; il avoit nom Tobie.
Consacrant à son Dieu chaque instant de sa vie,
Vieillard, malheureux, pauvre, il n'en donnoit pas moins
Aux pauvres des secours, aux malheureux des soins.
A travers les dangers, par des routes secrètes,
De ses frères captifs parcourant les retraites,
Il consoloit la veuve, adoptoit l'orphelin;
Le cri d'un opprimé régloit seul son chemin;
Et lorsque ses amis, effrayés de son zele,
Lui présageoient du roi la vengeance cruelle:
Je crains Dieu, disoit-il encor plus que le roi,
Et les infortunés me sont plus chers que moi.

Un jour, après avoir, pendant la nuit obscure,
A des morts délaissés donné la sépulture,
De travail épuisé, de fatigue abattu,
Sa force ne pouvant suffire à sa vertu,
Le vieillard, lentement, au pied d'un mur se traine.
Il dormit, quand l'oiseau que le printemps ramène,
Du nid qu'il a construit au-dessus de ce mur,
Fait tomber sur ses yeux un excrément impur:
A Tobie aussitôt la lumière est ravie.
Sans se plaindre, adorant la main qui le châtie:
O Dieu, s'écria-t-il, tu daignes m'éprouver!
Je n'en murmure point, tu frappes pour sauver:
Mes yeux, mes tristes yeux, privés de la lumière,
Ne pourront plus au ciel précéder ma prière;
Vers le pauvre avec peine, hélas! j'arriverai;
Je ne le verrai plus, mais je le bénirai.

Ses amis cependant, sa famille, sa femme,
Loin d'émousser les traits qui déchiroient son ame,
De porter sur ses maux le baume précieux
De la compassion, seul bien des malheureux,
Viennent lui reprocher jusqu'à sa bienfaisance:
Où donc, lui disent-ils, est cette récompense
Qu'aux vertus, à l'aumône, accorde le Seigneur?
Le vieillard ne répond qu'en leur montrant son coeur.
Mais ce coeur, accablé de ces cruels reproches,
Fort contre le malheur, foible contre ses proches,
Désire le trépas, et le demande au ciel.
Sa prière monta jusques à l'Eternel:
L'Ange du Dieu vivant descendit sur la terre.

Le vieillard, se croyant au bout de sa carrière,
Fait appeler son fils, son fils qui, jeune encor,

De l'aimable innocence a gardé le trésor,
Comme un autre Joseph, nourri dans l'esclavage,
Et semblable à Joseph de moeurs et de visage,
Possédant sa beauté, sa grâce et sa pudeur.
Tobie en l'embrassant, lui dit avec douceur :
Mon fils, la mort dans peu va te ravir ton père :
De ton respect pour moi fais hériter ta mère.
Celle qui t'a nourri, qui t'a donné le jour,
Pour de si grands bienfaits ne veut qu'un peu d'amour :
Quel plaisir est plus doux qu'un devoir de tendresse ?
Honore le Seigneur, marche dans sa sagesse ;
Que sur-tout l'indigent trouve en toi son appui ;
Partage tes habits et ton pain avec lui ;
Reçois entre tes bras l'orphelin qui t'implore ;
Riche donne beaucoup ; et pauvre, donne encore :
Voilà, voilà, mon fils, l'esprit de notre loi.
Je dois, en ce moment, confier à ta foi
Qu'à Gabélus jadis, sur sa simple promesse,
Je laissai dix talents, mon unique richesse :
Va toi-même à Ragès pour les redemander.
Vers ce lointain pays quelqu'un peut te guider ;
Cherche dans nos tribus un conducteur fidelle,
Dont nous reconnoîtrons et la peine et le zèle.

Il dit. Son fils le quitte et court voir sa tribu.
Devant lui se présente un jeune homme inconnu,
Dont la taille, les traits, la grâce plus qu'humaine,
Dès le premier abord, et l'attire et l'enchaîne ;
Ses yeux doux et brillants, sa touchante beauté,
Son front, où la noblesse est jointe à la bonté
Tout plait, tout charme en lui par un pouvoir suprême.
C'étoit l'Ange du ciel, envoyé par Dieu même ;
Qui venoit de Tobie assurer le bonheur.

L'Ange s'offre à servir de guide au voyageur :
Il le suit chez son père ; et le vieillard en larmes,
Ne lui déguise point ses soupçons, ses alarmes :
Long-temps il l'interroge ; et lui tendant les bras,
De mes craintes, dit-il, ne vous offensez pas ;
Vieux, souffrant, et privé de la clarté céleste,
Mon enfant de la vie est tout ce qui me reste ;
La frayeur est permise à qui n'a plus qu'un bien :
De mon dernier trésor je vous fais le gardien.
Ah ! vous me le rendrez : mon ame satisfaite
Eprouve, en vous parlant, une douceur secrète ;
Je ne sais quelle voix me dit au fond du coeur
Que vous serez conduits par l'Ange du Seigneur.
O mon fils, pour adieu reçois ce doux présage.
Le jeune homme l'embrasse et s'apprête au voyage.
Il presse, en gémissant, sa mère sur son sein.
Bientôt, guidé par l'Ange, il se met en chemin :
Mais trois fois il s'arrête, et trois fois renouvelle
Ses adieux et ses cris. Alors le chien fidelle,
Seul ami demeuré dans la triste maison,
Court, et du voyageur devient le compagnon,

Ils marchent tout le jour dans ces plaines fécondes
Où le Tigre en courroux précipite ses ondes.
Arrêté sur ses bords pour prendre du repos,
Tobie, en se lavant dans ses rapides eaux,
Découvre un monstre affreux dont la gueule béante
Lui fait jeter un cri d'horreur et d'épouvante.
L'Ange accourt : Saisissez, lui dit-il, sans frémir,
Ce monstre qu'à vos pieds vous allez voir mourir :
Prenez son fiel sanglant, il vous est nécessaire :
Le temps vous apprendra ce qu'il en faudra faire.
Le jeune Hébreu, surpris, obéit à l'instant ;

Il partage le corps du monstre palpitant,
En réserve le fiel : sur une flamme pure
Le reste préparé devient sa nourriture.

Cependant de Ragès, au bout de quelques jours,
Les voyageurs, charmés, aperçoivent les tours.
L'Ange, avant d'arriver aux portes de la ville :
De Gabélus, dit-il, ne cherchons point l'asile.
Dès long-temps Gabélus a quitté ces climats :
Chez un autre que lui je vais guider vos pas.
Le riche Raguel, neveu de votre père,
A pour fille Sara, son unique héritière.
Son plus proche parent doit seul la posséder :
La loi l'ordonne ainsi, venez la demander.
Interdit à ces mots, le docile Tobie
Lui répond : O mon frère, à vous seul je confie
Des malheurs de Sara ce qu'on m'a rapporté :
Tout Israël connoît sa vertu, sa beauté ;
Mais déjà sept époux, briguant son hyménée,
Ont, dès le même soir, fini leur destinée ;
Que deviendra mon père, hélas ! si je péris ?
Ne craignez rien, dit l'Ange, et suivez mes avis,
Ivres d'un fol amour que le Seigneur condamne,
Les amants de Sara brûloient d'un feu profane,
Ils en furent punis : mais vous, mon frère, vous
Que la loi de Moyse a nommé son époux,
Dont le coeur, aux vertus formé dès votre enfance,
Epurera l'amour par la chaste innocence,
Vous obtiendrez Sara, sans irriter le ciel.

En prononçant ces mots, ils sont chez Raguel.
Tous deux, les yeux baissés, demandent à l'entrée
Cette hospitalité des Hébreux révérée.

Raguel, à leur voix empressé d'accourir,
Rend grâce aux voyageurs qui l'ont daigné choisir ;
Mais, fixant sur l'un d'eux une vue attentive,
Il reconnoît les traits du vieillard de Ninive ;
Quelques pleurs aussitôt s'échappent de ses yeux.
Seriez-vous, leur dit-il, du nombre des Hébreux
Que le vainqueur retient dans les champs d'Assyrie?
Oui, répond l'Ange. — Ainsi vous connoissez Tobie?
— Qui de nous a souffert et ne le connoît pas!
— Ah! parlez : avons-nous à pleurer son trépas?
Ou le Seigneur, touché de nos longues misères,
L'a-t-il laissé vivant pour exemple à nos frères?
Il respire, dit l'Ange, et vous voyez son fils.
— O jour trois fois heureux! enfant que je bénis,
Viens, accours dans mon sein; que Raguel embrasse
Le digne rejeton d'une si sainte race!
Ton père soixante ans fut notre unique appui;
Viens, jouis, ô mon fils, de notre amour pour lui.

Il appelle aussitôt son épouse et sa fille,
Annonce son bonheur à toute sa famille,
Et veut que d'un bélier immolé par sa main,
Aux hôtes qu'il reçoit on prépare un festin.
On obéit. Tobie, assis près de son guide,
Sur la belle Sara porte un regard timide :
Il rencontre ses yeux; aussitôt la pudeur
Couvre son jeune front d'une aimable rougeur.
Il s'enhardit pourtant, et d'une voix émue :
O Raguel, dit-il, notre loi t'est connue;
Tu sais qu'elle prescrit des noeuds encor plus doux
Aux liens que le sang a formés entre nous;
Je réclame la loi, je suis de ta famille;
Au fils de ton ami daigne accorder ta fille.

Mes seuls titres, hélas! pour obtenir sa foi,
Sont le nom de mon père et mon respect pour toi.

Le vieillard, à ces mots, sent naître ses alarmes;
Il élève au Seigneur des yeux remplis de larmes.
Son épouse et sa fille, en se pressant la main,
Ont caché toutes deux leur tête dans leur sein.

Mais l'Ange les rassure, et sa douce éloquence
Dans leurs coeurs pas à pas fait rentrer l'espérance;
Ils les plaint, les console, et de leur souvenir
Bannit les maux passés par les biens à venir.
Raguel entraîné cède au pouvoir suprême
De ce jeune inconnu qu'il révère et qu'il aime;
Il unit les époux au nom de l'Eternel,
Les bénit en tremblant, les recommande au ciel;
Et pendant le festin, sa timide allégresse
Voile quelques instans sa profonde tristesse.

Le repas achevé, dans leur appartement
Les deux nouveaux époux sont conduits lentement.
A genoux aussitôt, le front dans la poussière,
Ils élèvent au ciel leur touchante prière:
Dieu puissant, disent-ils, qui daignas de tes mains
Former une compagne au premier des humains,
Afin de consoler sa prochaine misère
Par le doux nom d'époux et par celui de père,
Nous ne prétendons point à ce bonheur parfait
Qui, pour le coeur de l'homme, hélas! ne fut point fait;
Mais donne-nous l'amour des devoirs qu'il faut suivre:
La vertu pour souffrir, la tendresse pour vivre,
Des héritiers nombreux dignes de te chérir,
Et des jours innocents passés à te servir!

Dans ces devoirs pieux la nuit s'écoule entière.
Dès que le chant du coq annonce la lumière,
Raguel, son épouse, accourent tout tremblants,
N'osant pas espérer d'embrasser leurs enfants :
Ils les trouvent tous deux dans un sommeil tranquille.
De festons aussitôt ils parent leur asile,
Font ruisseler le sang des taureaux immolés,
Et retiennent dix jours leurs amis rassemblés.

L'Ange, pendant ce temps, au fond de la Médie,
Alloit redemander le dépôt de Tobie.
Gabélus le lui rend ; et l'Ange de retour,
Au milieu des plaisirs de l' hymen, de l'amour,
Retrouve son ami pensif et solitaire,
Soupirant en secret de l'absence d'un père.
Partons, lui dit Tobie, ô mon cher bienfaiteur !
Etre heureux, loin de lui, pèse trop sur mon coeur.
Parmi tant de festins, au sein de l'opulence,
Je ne vois que mon père en proie à l'indigence :
Hâtons-nous, hâtons-nous d'aller le secourir ;
Obtiens de Reguel qu'il nous laisse partir.
Il est père ; aisément son ame doit comprendre
Ce qu'un fils doit d'amour au père le plus tendre.
Il dit, l'Ange aussitôt va trouver Raguel.
Il le fait consentir à ce départ cruel.
Le malheureux vieillard les conjure, les presse
De revenir un jour consoler sa vieillesse :
Tobie en fait serment ; et bientôt les chameaux,
Les esclaves nombreux, les mugissants troupeaux.
Qui de la jeune épouse ont été le partage,
Vers la terre d'Assur commencent leur voyage.
L'Ange, présent par-tout, guide les conducteurs,
Sara, le front voilé, cachant ainsi ses pleurs,

Assise sur le dos d'un puissant dromadaire,
Soupire et tend de loin ses deux bras à sa mère ;
Son époux la soutient sur son sein palpitant,
Et le fidelle chien marche en les précédant.
Hélas ! il étoit temps que le jeune Tobie
A son malheureux père allât rendre la vie.
Depuis qu il est parti, ce vieillard désolé,
Comptant de son retour le moment écoulé,
Se trainoit chaque jour aux portes de Ninive.
Son épouse guidoit sa démarche tardive.
Le vieillard restoit seul ; assis sur le chemin,
Vers chaque voyageur il étendoit la main :
Le voyageur passoit, et Tobie en silence
Pour la reperdre encore attendoit l'espérance :
Sa femme, gravissant sur les monts d'alentour,
Cherchoit au loin, des yeux, l'objet de son amour ;
Pleuroit de ne point voir cet enfant qu'elle adore,
Et suspendoit ses pleurs pour le chercher encore.

Mais ce fils approchoit : accusant ses lenteurs,
Il laisse ses troupeaux au soin de leurs pasteurs,
Les précède avec l'Ange : et sa mère attentive
L'aperçoit tout-à-coup accourant vers Ninive.
Elle vole aussitôt, craint d'arriver trop tard,
Mais le chien, plus prompt qu'elle, est auprès du vieillard ;
Il reconnoît son maître, il jappe, il le caresse,
Exprime par ses cris sa joie et sa tendresse,
Le malheureux aveugle, à ces cris qu'il entend,
Juge que c'est son fils que le Seigneur lui rend :
Il se lève ; et d'un pas chancelant et rapide,
Marchant les bras ouverts, sans soutien et sans guide :
O mon fils, crioit-il, c'est toi, c'est toi.... Soudain
Le jeune homme en pleurant s'élance dans son sein.

Le vieillard le reçoit, et le serre et le presse ;
D'un long embrassement il savoure l'ivresse ;
Au défaut de ses yeux, sa paternelle main
S'assure d'un bonheur qu'il croit trop peu certain,
La mère arrive alors, palpitante, éperdue,
Réclamant à grands cris une si chère vue ;
Les larmes du bonheur coulent de tous les yeux ;
Et l'Ange, en les voyant, se croit encore aux cieux.

Après ces doux transports, l'Ange dit à son frère
De toucher du vieillard la tremblante paupière
Avec le fiel du monstre immolé par ses mains.
Le jeune homme obéit à ses ordres divins,
Et Tobie aussitôt voit la clarté céleste.
Gloire à toi, cria-t-il, Dieu puissant que j'atteste !
J'avois long-temps péché, et long-temps je souffris :
Mais je revois enfin et le ciel et mon fils ;
O mon dieu ! je rends grâce à ta bonté propice :
Oui, ta miséricorde a passé ta justice.
Il dit ; et de Sara les serviteurs nombreux,
Les troupeaux, les trésors viennent frapper ses yeux
La modeste Sara descend, lui fait hommage
De ses biens devenus désormais son partage,
Lui demande à genoux d'aimer et de bénir
L'épouse qu'à son fils le ciel voulut unir.
Le vieillard, étonné, la relève, l'embrasse ;
Il admire ses traits, sa jeunesse, sa grâce,
Et, s'appuyant sur elle, écoute le récit
De ce qu'a fait son Dieu pour l'enfant qu'il chérit.
Mais, ajoute ce fils, vous voyez dans mon frère
Mon soutien, mon sauveur, mon Ange tutélaire ;
Il a guidé mes pas, il défendit mes jours ;
C'est de lui que je tiens l'objet de mes amours ;

Lui seul vous fait revoir la céleste lumière ;
Il m'a donné ma femme, il m'a rendu mon père.
Hélas ! que peut pour lui notre vive amitié ?
Des trésors de Sara donnons-lui la moitié ;
Qu'en recevant ce don sa bonté nous honore ;
S'il daigne l'accepter, il nous oblige encore.

Aux pieds de l'Ange alors, le père avec le fils,
Rougissant tous les deux d'offrir ce foible prix,
Le pressent de choisir dans toute leur richesse.
L'Ange, les regardant, sourit avec tendresse :
Ne vous offensez pas, dit-il, de mes refus ;
Gardez, gardez vos biens, et sur-tout vos vertus ;
Elles vous ont valu le secours de Dieu même.
Je suis l'Ange envoyé par ce Dieu qui vous aime :
Il voulut acquitter ces bienfaits si nombreux,
Répandus, prodigués à tant de malheureux :
Vos aumônes, vos dons, ô vieillard charitable !
Tout, jusqu'au simple voeu d'aider un misérable,
Fut écrit dans le ciel ; Dieu conserve en ses mains,
Comme un dépôt sacré, le bien fait aux humains,
Il vous rend ces trésors, mais pour le même usage ;
Au pauvre, à l'indigent, faites en le partage ;
Donnez, pour amasser auprès de l'éternel ;
Vivez long-temps heureux ; moi, je retourne au ciel.

Par Florian.

HISTOIRE ANCIENNE

En forme de Chronologie.

Depuis le déluge jusqu'à l'Ere Chrétienne.

J'interroge les tems, et ses différens âges,
Qui du monde ont produit les fameux personnages;
Avec eux, je suivrai les révolutions,
Où se trouve lié le sort des nations.
Oeuvres de l'Eternel, venez d'abord nous dire:
Quel est le Créateur de tout ce qui respire?
Celui qui précédant la naissance des tems,
Pour former l'Univers, créa les élémens;
Et, qui, lançant le globe au milieu de l'espace,
Dans le vague des airs, en suspendit la masse?
Dites que son essence est la divinité,
Dites que sa grandeur remplit l'immensité:
Dites que, pour former des êtres raisonnables,
Dignes de posséder tous ces biens ineffables,
Il voulut créer l'homme, et le rendit heureux,
Semant, autour de lui, ses bienfaits merveilleux.
Mais cet homme pécha; dès lors plus d'innocence.
On vit, chez les mortels, le crime et la licence,
Offenser, chaque jour, le Maître Tout puissant,

An du monde, 1656. Dont le pouvoir divin le tira du néant.
Lassé de leurs forfaits, ce redoutable juge
Voulût les châtier par un affreux déluge.
Dans ce fléau vengeur, un juste est épargné,
Et de ses fils, dans l' Arche, il entre accompagné.
Ces chefs de Nations, dispersés sur la terre,
Occupèrent bientôt tout l'ancien hémisphère:
L' Afrique échût à Cham; Japhet eut l'Occident.
Et le peuple de Dieu de Sem fut descendant.
Sous le ciel africain, Cham étendit sa race;
Nemrod devint guerrier, s'exerçant à la chasse:
Sur les hôtes des bois, signalant sa valeur,
Le désir de la gloire enflamma son ardeur;
Ensuite ayant, bâti Ninive et Babylone,
Son orgueil, en ces lieux, fonda le premier trône.
1800. Sémiramis paroit et surprend l'univers,
Par la noble grandeur de ses travaux divers:
Le bruit de ses exploits frappe, au loin, les oreilles;
Babylone à ses soins doit ses grandes merveilles.
1900. Mais bientôt des états l'Egypte est le plus beau,
De l'enfance des Arts elle fut le berceau;
On en connoit dès lors les travaux magnifiques:
Pyramides, tombeaux, Labyrinthe, Obélisques,
Attestoient, en ces lieux, les progrés des beaux arts,
Et bravoient fièrement les tems et les hazards.
Déjà cette contrée, en merveilles féconde,
Offroit, de toutes parts, des modèles au monde.
Du nom de Pharaon tous les Rois héritoient,
Et par leurs monumens toujours se surpassoient.
Enfin, Quatre cents ans, après le grand déluge,
Les déserts, des humains n'étoient plus le refuge;
Les Villes et les Bourgs naissoient de tous côtés:
On formoit des Etats et des Sociétés.

Plusieurs, avec éclat, commençoient à paroître.
1150. Inacus fonde Argos, il en devient le Maître;
Crès alla bâtir Crète, et lui donna son nom.
Des Lettres l'inventeur fut le sage Memnon.
Toujours fidèle à Dieu, pour fuir l'Idolatrie,
083. Abraham fut chercher la Mésopotamie.
Il mérita le nom de Père des Croyans,
Vit la terre, promise à tous ses descendans;
De son fils Isaac Dieu protégea la race,
Mais, sur Jacob, surtout il répandit sa grace;
286. Et d'Israël, son peuple, il le choisit pour Chef.
De gloire et de bonheur Dieu comble aussi Ioseph;
Il veut que, par ses soins, l'Egypte florissante
Ouvre de tous les biens une source abondante;
Pharaon, satisfait du sage gouverneur,
Envers tous ses parens, signale sa grandeur.
Joseph, avec transport, retrouve alors son père;
Avec joie, il revoit aussi son jeune frère;
Il pardonne aux ainés leurs mauvais traitemens,
Et, pour se venger d'eux, les comble de présens:
Ils s'établirent donc, en ce pays fertile,
Qui leur offrit d'abord un agréable asile;
Mais leurs fils, opprimés par de durs successeurs,
Ne connurent bientôt que regrets et douleurs.
Le vrai Dieu d'Abraham, touché de leur misère,
Voulut les retirer d'une terre étrangère:
Il fit naitre Moyse et le sauva des eaux,
100. Pour montrer aux humains des prodiges nouveaux!
De cet élu chéri le Ciel bénit l'enfance,
Et fit briller, sur lui, l'éclat de sa puissance;
Voulant que, d'Israël, un jour, libérateur,
Pour sortir de l'Egypte, il fut son conducteur.
13. Vers deux mille cinq-cent arriva cette fuite;

En vain l'Egyptien s'acharne à la poursuite ;
Tandis que les hébreux voyoient finir leurs maux,
Le Ciel engloutissoit leurs tyrans, sous les eaux ;
Mais, peu reconnaissant de la faveur divine,
Contre son bienfaiteur, ce peuple se mutine.
Le Seigneur, irrité de ses voeux inconstans,
Au milieu des déserts, le retint quarante ans.
Durant ce long exil, l'Egypte vit paroître
Le plus vaillant guerrier, que le Ciel eut fait naitre.
Sésostris, intrépide et fameux conquérant,
Fut des Rois le plus fier, ainsi que le plus grand :
De l'Euphrate au Danube il porta la victoire,
Remplissant l' univers de l'éclat de sa gloire,
Le Gange vit aussi flotter son étendard,
Et les Princes, vaincus, tous trainés à son char,
A cette époque Atlas, Roi de Mauritanie,
Par un sublime essor, connut l'Astronomie.
Le vulgaire, ébloui de ce talent nouveau,
Supposa que du monde il portoit le fardeau.
Dans l'Attique, Cécrops guida sa colonie,
Et ce séjour, aux arts, offrit une Patrie.
Mais, sous Deucalion, pour la troisième fois,
On vit fleuves et mer, s'écartant de leurs loix,
Noyer la Thessalie et faire craindre au monde,
De se trouver encore enseveli sous l'onde.
Dédale, Athénien, artiste ingénieux
Enrichit l'univers de travaux merveilleux ;
Parmi ses monumens, du minotaure, à Crête,
Il traça, par son Art, l'étonnante retraîte ;
Aux Vaisseaux il donna le voile et les Agrès,
Qui de leur marche habile assurent le succès.
C'est de là que nacquit la fable populaire,
Qui d'Icare et de lui peint le vol téméraire.

Le Royaume de Troye, en ce tems, commençoit.
D'autre part, dans Argos, Danaüs gouvernoit.
Chez les Athéniens, naissoit l'Aréopage,
Pour être, à tous les yeux, des sénats le plus sage.
2553. De l'exil du désert, Israël délivré,
S'avança, vers le lieu, si long tems désiré.
Iosué, devenu successeur de Moyse,
Le conduisit alors dans la terre promise;
Il y vécut longtems sous des Juges fameux,
Dont les travaux guerriers furent souvent heureux.
Durant quatre cents ans cet état populaire,
Eprouva, tour à tour, le bien et la misère.
Parmi les chefs, on vit le vaillant Gédéon,
La sage Débora, l'invincible Samson.
Les récits merveilleux du reste de la terre
Au bon sens ont rendu l'histoire trop contraire;
De ces faits étonnans l'on ne peut que douter;
A la fable laissons le soin de les compter,
Ne voulant, dans ces vers, occuper la mémoire
Qu'à saisir aisément la marche de l'histoire.
900. De la ville de Troye, en deux mille neuf cents,
S'entreprit, par les Grecs, le siège surprenant,
Qui résista, dix ans, ne finit que par ruse,
Et que du grand Homère a célébré la muse.
Le prophête David vivoit en même temps;
925. Sur les douze tribus il règna, quarante ans.
Dé son fils Salomon éclata la Sagesse,
992. Et du Temple de Dieu l'étonnante richesse;
Puis, par la volupté, ce grand Roi, corrompu,
Démentit hautement sa première vertu.
Roboam, imprudent, vit le schisme et la guerre,
Diviser, en deux parts, les états de son père;
Et Iuda, d'Israël devenu le rival,

Trop souvent l'imita, dans l'erreur et le mal.
En Grèce, florissoit le fameux Hésiode
Qui des Vers nous apprit la fameuse méthode ;
Par Homère bientôt il se vit surpassé :
L'Art du poème alors, par eux, nous fut tracé.
Le premier célébra les Dieux et les Déesses ;
Et l'autre des héros raconta les prouesses.
3100. Dans ces tems, à peu près, gémissoit Israël ;
Sous le joug odieux d'Achab et Jésabel,
Tandis que, dans Juda, la cruelle Athalie,
Par des meurtres affreux, voyoit sa main rougie.
Des fils d'Ochosias elle versa le sang :
Mais en vain de Joas elle cherche le flanc ;
Protégé par le Ciel, l'ombre du Sanctuaire
Mit ses jours à l'abri d'un complot sanguinaire :
Oubliant ce bienfait, il trahit son devoir,
Et, pour faire le mal, abusa du pouvoir.
Sous le règne d'Achab, on vit deux grands prophètes,
Qui, des Secrets du ciel, furent les interprêtes.
Elie, encor vivant, est ravi dans les Cieux,
Elisée hérita de ses dons précieux :
Isaïe et Jonas bientôt leur succédèrent,
Et, comme eux inspirés, comme eux prophétisèrent.
3220. A peu de ce tems là, Lycurgue, par ses lois,
Sçut se faire admirer, des peuples et des Rois.
En fuyant, avec soin, le luxe et la mollesse,
Lacédémone fit la gloire de la Grèce.
Alors cessent les tems, appellés fabuleux,
Qui vont être suivis d'un jour plus lumineux.
La naissance de Rome, et sa future gloire
Vont servir désormais de guides à l'histoire.
Dans Romulus, elle eut son premier fondateur ;
Et le Sage Numa fut son Législateur.

3300. Sous Tullus, arriva le combat si terrible,
Qui doit faire à jamais frémir un coeur sensible,
Où l'héroïsme a vu des frères, des amis,
L'un l'autre s'immoler, pour servir leur pays.
3315, Les Mèdes et Ninive, ainsi que Babylone,
Formèrent trois états, dont chacun eut son trône.
De l'antique Assyrie on voit ici la fin;
Sardanapale en fut le dernier Souverain.
Les Tribus d'Israël, en ce temps, dispersées,
3350. Sous un joug odieux, demeuroient oppressées;
Mais celle de Juda restoit, dans son pays,
Pour y combattre encor de nouveaux ennemis.
Elle vit triompher Judith, dans Béthulie,
3400. Quand d'un guerrier terrible elle eut tranché la vie.
Bientôt, pour le venger, en punissant les Juifs,
Nabuchodonosor les emmena captifs.
Du sage Daniel, leur marche fut suivie:
Jérusalem garda le plaintif Jérémie.
Le sort miraculeux des trois jeunes Enfans,
Par le pouvoir du Ciel, éclate, dans ce tems.
Nabuchodonosor embellit Babylone,
Il soumet à ses lois tout ce qui l'environne.
L'Egypte jette encor des rayons de grandeur,
Dont la Grèce naissante éclipse la splendeur.
Déjà l'on voit briller cette foule de Sages,
Que l'histoire a rendu fameux dans tous les âges.
Paroit d'abord Solon, savant législateur,
Du code Athénien inimitable auteur:
Puis Thalès et Bion, ainsi qu'Epiménide,
Tour à tour de Minerve empruntèrent l'égide;
Mais tout cède bientôt la place au Grand Cyrus,
3468. Pour laisser l'univers admirer ses vertus.
Il délivra les Juifs de leur long esclavage.

Du temple il leur permit de relever l' ouvrage ;
Dicta partout ses lois, soumit tout l'Orient,
Et de la Perse il fit l' état le plus puissant.
Pythagore parut ; et la métempsycose
Trouva des partisans qui soutinrent sa cause.
La secte, quoiqu'austère, eut beaucoup de succès ;
Sous le nom d'italique, elle fit des progrès.
Zénon, Anaximandre, Esope et plusieurs autres,
De la sagesse aussi furent les vrais Apôtres ;
L'Empire de la Chine eut de même le sien,
Dont l'esprit et les loix lui servent de soutien,
Le Grand Confucius, admiré comme un sage,
Qui des siècles suivans a mérité l' hommage.
Ailleurs je vois éclôre un essaim de héros,
Dont la postérité connoîtra les travaux.
3600. Miltiade, Cimon, Périclès, Aristide,
Font douter qui d'entr'eux fut le plus intrépide ;
Et Thémistocle encor peut faire des jaloux :
A l'honneur de la grèce ils s' immolérent tous.
De la Perse, en effet l' ombrageux voisinage
Par de fréquens combats exerçoit leur courage :
Salamine, Platée, ainsi que Marathon
3600. Pourroient de tous les Grecs éterniser le nom ;
Mais, parmi les hauts faits, en prodiges fertiles,
Il suffit de nommer celui des Thermopiles.
L'art de la médecine eût alors son Phénix :
Hippocrate, en ce genre, a mérité le prix ;
Il savoit à la mort arracher ses victimes,
Faire admirer partout ses savantes maximes.
Enfin de Phidias le délicat ciseau
Avoit l'art d'imiter de Xeuxis le pinceau.
Tout florissoit alors, dans la ville d'Athènes.
De l'Empire des arts elle tenoit les rênes,

Quand la sévère Sparte à son sort s'opposa,
Et, par trente ans de guerre, à la fin l'épuisa;
Après quoi, l'accablant d'un pouvoir despotique,
Elle lui fit sentir la misère publique :
Plaçant, pour gouverner, Trente de ses Agens,
3600, Qui, peu faits pour règner, s'érigent en Tyrans;
Et qui, comptant leurs jours, par le nombre de crimes,
Cimentent leur pouvoir, dans le sang des victimes.
L'épouvante et l'horreur firent fuir, de ces lieux,
Tous ceux qne révolta cet empire odieux :
Ne voulant que la paix, ils vont chercher azile,
Dans les murs fortunés, où l'on vivoit tranquille;
Mais des persécuteurs les transports renaissans
Font voler, sur leurs pas, les arrêts menaçans.
La fureur les poursuit, la terreur les repousse :
Du courroux des tyrans chacun craint la secousse.
Deux villes cependant osent les recevoir,
Et braver, sans foiblesse, un injuste pouvoir.
Cet appui généreux ranima le courage
Des nombreux fugitifs, que poursuivoit la rage.
Aidés de leurs voisins, et fiers de leur bon droit,
Dans ses champs désolés, Athènes les reçoit;
Mais, armés seulement, pour sauver la patrie,
3600. Lui rendre un sort prospére est leur unique envie;
Le plaisir le plus doux des vainqueurs généreux,
C'est de se couronner, en faisant des heureux.
Ce triomphe, en effet, fût le cri de victoire,
Qui de tous leurs succès vint compléter la gloire.
Dès cet instant, on vit, chez ces braves guerriers,
L'olive de la paix mûrir sur les lauriers :
Ils rendirent, chez eux, le calme et l'allégresse.
Athènes redevint la Reine de la Grèce.
Nous pourrions, quelque tems, contempler son bonheur.

Voir relever ses murs, renaître sa grandeur ;
3600. Mais Rome se présente ; et, fière de sa gloire,
Dit qu'elle veut fournir des héros à l'histoire ;
Il faudra donc nommer les Brutus, les Coclès,
Et les héros, auxquels elle dût des succès,
Le ferme Scévola, l'héroïque Clélie,
Et toi, Coriolan, victime de l'envie.
Rome alors se crût libre, et n'avoit plus de Rois.
D'Athène et de Solon elle emprunta les lois ;
Par un digne Sénat, sagement gouvernée,
Elle vit croître ainsi sa haute destinée.
Le Grand Cincinnatus, plusieurs fois Dictateur,
Des combats qu'il livra revint toujours vainqueur ;
Mais, dépouillant, après, sa grandeur superflue,
Son bras victorieux reprenoit la charrue.
3615. Après lui, Rome, en proie à des troubles affreux,
Recéla, dans son sein, des crimes odieux :
Avec horreur, on vit la mort de Virginie,
Et son père trancher son innocente vie.
Camille, au Capitole, arrête les Gaulois,
Et reprenant leur or, leur dicte encor des Lois.
3625. Dans Athènes, Socrate enseigne la sagesse ;
Le célèbre Platon à le suivre s'empresse ;
Xénophon, tout ensemble éloquent et guerrier,
Ne doit pas, dans le nombre, être mis le dernier ;
Ce héros écrivain, par sa retraite habile,
De la Perse, en Attique, a conduit les dix mille.
Alcibiade aussi, paroissant à son tour,
Des peuples fût souvent et la gloire et l'amour.
Dans Thêbes j'apperçois des amis le modèle ;
Rien ne peut surpasser leur union fidèle :
L'on croit, à ce portrait, voir Epaminondas,
Lui même, désigner son cher Pélopidas.

L'Equitable Clio, la Muse de l'histoire;
3675. Dans Hérodote voit le soutien de sa gloire:
De sa plume sincère elle lui fait présent,
Comme au digne héritier de son rare talent.
Dans un genre nouveau, s'illustroit Praxitèle,
Qui devint de son art le plus parfait modèle.
Le marbre, sous sa main, paroissoit palpiter,
Et même, à la beauté, pouvoit le disputer.
3700. Syracuse gémit, sous un Tyran barbare,
Que la crainte dévore et la fureur égare:
Denys fut ce mortel, que sa férocité
As çû rendre odieux à la postérité.
Archimède au contraire a droit à nos hommages,
Et, pour les enlever, a laissé ses ouvrages.
Confident des secrèts de la création,
Du globe il a montré l'organisation.
3750. D'une éloquente voix, l'orateur Démosthènes
Illustre, avec éclat, la Tribune d'Athènes.
Contre Philippe il tonne, et le peuple frémit;
Sa voix, quand il lui plait, l'irrite et l'attendrit.
Aristote s'avance: on reconnoit son maître;
Le Divin Platon, seul, étoit digne de l'être:
Le premier va bientôt montrer à l'univers,
Le Chef d'oeuvre éclatant de ses travaux divers.
Philippe d'Aristote a connu le mérite;
De venir à sa cour ardemment il l'invite:
Alexandre le Grand va sortir de ses mains,
Pour étonner le Ciel et dompter les humains.
Non, jamais conquérant ne fut plus intrépide:
La victoire le suit, et la gloire le guide:
Marchant contre les Juifs, pour les détruire tous,
L'aspect des livres saints désarme son courroux.
Des Monarques puissans il renverse le trône,

Et, Roi de l'univers, il meurt dans Babylone.
Après douze ans de regne, ainsi l'on vit mourir
Ce prince, qui sembloit ne devoir pas périr.
L'Egypte va renaître ; et, sous les Ptolomées,
Verra marcher encor de nombreuses armées.
Le Colosse Romain, s'élève, s'agrandit,
Et mesure, de l'oeil, le monde qu'il franchit.
D'illustres citoyens vont se presser d'éclore,
Pour porter ses drapeaux, du couchant à l'aurore.
Un Superbe Rival paroît en Orient ;
Le Grand Fabricius arrête ce torrent.
C'est Pyrrhus, Roi d'Epire, Emule d'Alexandre,
Il voudroit qu'à ses pieds l'univers vint se rendre ;
C'est au feu de la guerre à créer les héros ;
Nous allons les voir naître, au milieu des travaux.
Bientôt Carthage et Rome entreront dans la lice.
De cette triple guerre oublions l' injustice,
Pour ne songer qu'à ceux qui surent l'illustrer.
Régulus le premier commence à se montrer ;
Portant, jusqu'à l'excès, l'amour de la patrie,
Pour en sauver l'honneur, il dévoua sa vie :
Un conseil, de sa part, doit décider son sort ;
Il le sait, il le donne, et court chercher la mort.
Carthage fait briller la science navale ;
Le coup d'essai de Rome à ses maîtres l'égale.
Le vaillant Amilcar, dans l'ardeur des combats,
Contre les fiers Romains animoit ses soldats.
Il prescrit, à son fils, le serment redoutable
De vouer à ce peuple une haine implacable,
D'aller, jusque dans Rome, arborant ses drapeaux,
Humilier l'orgueil de ces trop fiers rivaux.
Annibal en effet succèdant à son père,
Porte, au delà des monts, le feu de sa colère.

A son premier début, des flots de sang Romain,
Bouillonnant de courroux, vont grossir le Tésin.
Chaque jour, chaque pas marquoit une victoire.
Mais l'on connoit, hélas! le terme de sa gloire.
Annibal ne fut plus le favori de Mars;
Ce Dieu ne guida plus ses heureux étendards;
L'yvresse du bonheur, les charmes de Capoue
Des volages destins arrêtèrent la roue.
Ce fut, pour les Romains, l'époque du succès,
Dont le cours a formé leurs rapides progrès.
3802, Des peuples et des Rois, Rome devint arbitre;
De Maîtresse du Monde elle reçut le titre.
Le Grand Antiochus ravageoit l'Orient,
Et tenoit, sur les Juifs, un glaive menaçant.
Des fils de Machabée éclata le courage:
Leur vertu, des bourreaux sçût fatiguer la rage.
Un conquérant plus doux vient fixer nos regards:
Le vaillant Paul Emile, enfant chéri de Mars;
Il faisoit aux vaincus oublier leurs défaites,
Et sçavoit, sur les coeurs, assurer ses conquêtes.
Ainsi Rome devint Reine de l'univers,
Et donnoit, à son gré, des sceptres, ou des fers.
Les plus grands potentats étoient ses tributaires,
Et son appui faisoit le plus doux des salaires.
On vit, avec éclat, s'élancer de son sein,
Les fameux Scipions, pour fixer le destin:
Rien ne put résister à leur force héroïque;
3855. Ils subjuguent l'Espagne, et la Grèce, et l'Afrique.
Les premiers n'étant plus, un autre Scipion
Vient prolonger encor la gloire de ce nom.
Unissant le bon goût aux triomphes des armes,
De l'Esprit de Polybe il sentit tous les charmes;
3864. Numance, avec Carthage, éprouvèrent ses coups,

Et Rome, dans leur cendre, assouvit son courroux.
Dans la Judée Hircan, signaloit son courage,
Contre les Syriens remportoit l'avantage,
Et des Romains encore appellant le secours,
Il vit les ennemis s'éloigner de ses tours.
Mais cette Rome enfin, protectrice des villes,
Eprouva le malheur des querelles civiles :
La Noblesse et le Peuple, en tous points divisés,
Formèrent deux partis, l'un à l'autre opposés.
3900. Tiberius Gracchus, et Caïus son frère,
Furent les premiers Chefs de cette triste guerre :
En égarant le peuple, ils trompoient son espoir,
Par l'appas séduisant qu'ils faisoient entrevoir.
Trop crédule instrument des vengeances secrètes,
Le peuple est toujours prêt à former des tempêtes:
Désabusé, trop tard, de ses rêves trompeurs,
Il achête bien cher tous ses instants d'erreurs;
Dans le sang et le deuil, il pleuroit ses misères,
Quand, pour les soulager, il n'avoit plus de pères.
De l'horreur du cahos sortirent deux Tyrans,
Marius et Sylla qui, de sang tout fumans,
Laissent, à la mémoire, une funeste image
De cruauté, de mort, de crime et de carnage;
Mais l'esprit, fatigué de ces traits odieux,
Va voir, avec plaisir, deux vaillans demi-Dieux,
Marchant, d'un pas rapide, au chemin de la gloire,
Entrer, avec éclat, au temple de mémoire :
Et Pompée, et César furent ces deux mortels,
A qui la renommée a dressé des Autels;
Qui, toujours triomphants par le droit de la guerre,
Sans noirceur et sans crime, asservirent la terre.
Mais trop grands, pour briller, tous deux, en même tems,
Ils devinrent bientôt terribles concurrens :

De ce vaste univers la magnifique enceinte
A leur ambition paroissoit trop restreinte ;
Et le même horizon, de deux Soleils brûlans,
Ne pouvoit soutenir les feux étincelans.
3955. Il fallut donc s'armer, et disputer la gloire
De pouvoir à la fin s'arracher la victoire ;
Chacun, de triompher possédant le grand art,
Sçavoit, par ses talens, maitriser le hazard.
Entre ces deux rivaux, la fortune attentive,
Les contemploit tous deux et demeuroit oisive ;
Les dieux même sembloient suspendre leurs destins,
Sur ce double Chef d'oeuvre, ouvrage de leurs mains ;
Mais Pharsale donna, par le sort de l'épée,
3956. La Victoire à César et la mort à Pompée.
3960. Au faite des grandeurs, César, assassiné,
Succomba sous les coups d'un ingrat forcené.
3961. Octave le remplace ; et, pour servir sa rage,
D'Antoine et de Lépide emprunte le courage.
Qui pourroit exprimer l'excès de leurs fureurs.
Chaque jour enfantoit de nouvelles horreurs.
De ce triumvirat, établi sur le crime,
3962. L'éloquent Cicéron fut la triste Victime.
3973. Enfin du sort d'Auguste, Actium décida :
Demeuré seul vainqueur, l'Empire lui resta ;
Et détestant alors les fureurs de la guerre,
Il parut ne songer qu'au bonheur de la terre.
L'Esprit et les talens régnèrent avec lui ;
Il en fut à la fois, et le père, et l'appui :
Protecteur des Savans, sa faveur les enchaîne,
Il savoit les choisir, secondé par Mécène :
D'Horace et de Virgile il fit ses favoris,
Et tous les gens de bien de lui furent chéris,
C'est ce Siécle fameux, à jamais mémorable,

Que le concours des Arts a rendu remarquable ;
Il faut donc s'y fixer comme au point le plus beau,
Qui de ces premiers tems achève le tableau,
an de Rome 753.
Puisqu'alors, en sept cent cinquante trois de Rome,
Sous Auguste César, le Verbe s'est fait homme.

HISTOIRE ROMAINE

Romulus fonde Rome, est suivi de six Rois.
Numa du nom des Dieux autorise les Lois.
Tullus triomphe d'Albe; Ancus est pacifique;
Tarquin ambitieux, vaillant et magnifique.
Servius, en son gendre, élève un assassin:
Brutus venge Lucrèce, et détrône Tarquin.
Il inspire l'horreur du pouvoir Monarchique,
Et scelle de son sang la liberté publique.
Le peuple du Consul fuit le joug importun;
Mais, pour le rappeller, on lui donne un Tribun.
Bientôt de ces Tribuns l'autorité fatale
Oppose aux Sénateurs l'envie et la cabale:
Par les Romains ingrats Coriolan proscrit,
Fuit, vient les assiéger, leur fait grace, et périt.
Les Décemvîrs choisis, par les lois étrangéres,
Deviennent un fléau, plus cruel que les guerres;
Mais, enfin indigné des fureurs d'Appius,
Le peuple, en les chassant, venge Virginius.
Alors on établit les Tribuns militaires,
Souvent interrompus par les lois consulaires,
Tantôt par l'interrègne, ou par un Dictateur.
Le Censeur, de tout ordre est nommé l'inspecteur.
De Rome dès long-tems Véïes étoit rivale:

Dans un siège obstiné, Camille se signale ;
Enfin, par les succès d'un assaut souterrain,
Elle est, après dix ans, en proie au Camp Romain.
Les Gaulois brûlent Rome ; et l' illustre Camille
Sauve le Capitole et rétablit la Ville.
Jaloux des dignités, que le Sénat retient
Le peuple les dispute, et souvent les obtient -
Le Samnite au Romain fait un affront étrange ;
Il passe sous le joug, et Fabius le venge.
Pyrrhus, forcé de fuir, quoique deux fois vainqueur,
Doit à ses Eléphants sa gloire et son malheur.
On triomphe à Carthage, où Régulus s'immole
A la gloire de Rome autant qu'à sa parole :
Jusqu'à Rome, Annibal court, d'Exploits en Exploits ;
Scipion, à Carthage, impose enfin des lois ;
Et quand, malgré la paix, Rome eut prit trop d'ombrage,
Un nouveau Scipion mit en cendre Carthage.
Déjà Rome comptoit, au nombre des vaincus,
Le Roi de Macédoine, avec Antiochus.
Par ses divisions, elle étoit avilie ;
Son luxe et sa mollesse avoient vengé l'Asie.
L'un et l'autre Gracchus, par des coups hazardeux,
Veulent servir le peuple, et se perdent tous deux.
Marius, le Vainqueur du Roi de Numidie,
Sylla, que signaloient ses victoires d'Asie,
Rivaux, et, tour à tour, proscrits et triomphans,
Dans des fleuves de sang noyèrent ses Enfans.
Pompée acquit bientôt la gloire la plus grande ;
Il obtient le triomphe, et César le demande.
L'un ne veut point de maître, et l'autre point d'égal :
Partout de la fureur éclate le signal ;
Pharsale décida : Caton fut pour Pompée ;
Mais César eût, pour lui, les Dieux et son épée.

César, par ses amis, périt, en plein sénat.
Auguste obtient l'oubli de son Triumvirat.
D'une Vierge, en ce temps, l'Eternel prit naissance:
Le Verbe s'asservit à trente ans de silence;
Mais enfin, sous Tibère, il révèle sa loi,
Souffre, meurt, ressuscite et fait régner sa foi.
Tibère, par Séjan, frappe mille victimes.
Caligula joignit l'extravagance aux Crimes.
Claude laisse, à sa femme, un pouvoir dangereux.
Néron, sage cinq ans, devient un monstre affreux.
Trois chefs, en dix-huit mois, de Rome sont les maîtres;
Le timide Galba meurt par les mains des traîtres;
Othon, souillé long-tems des vices de Néron,
Vaincu, mais grand alors, sçût mourir en Caton.
Vitellius, au rang que cette mort lui laisse,
Consume un règne court, dans une longue ivresse.
Rome, en Vespasien, trouve un sage Empereur;
Titus en fut l'amour, Domitien l'horreur;
Nerva, quoiqu'assez doux, expire de colère,
Trajan, qu'il adopta, fut l'honneur de son père;
On décerne, à sa tombe, un triomphe affligeant.
Adrien lui succède et meurt en voyageant.
Le pieux Antonin est plus père que maître:
De deux fils adoptifs un seul le fait renaître.
Marc Aurèle montra de stoïques vertus,
Tandis que les plaisirs dégradèrent Vérus.
Commode, fils d'Aurèle, et d'Annia Faustine,
Reçoit, de ses amis, la mort qu'il leur destine.
Le sage Pertinax, élu pendant qu'il dort,
Prend sa place, au moment qu'il attendoit la mort;
Sa garde le proscrit, met l'Empire à l'enchère:
Mais Julien l'achète; et Niger et Sévère
Combattent, après lui, pour le rang Souverain.

Sévère, après Niger, renverse encore Albin,
Le fier Caracalla, violent et perfide,
Consomme, sur son frère, un second parricide,
Digne prix du tyran. L'astucieux Macrin
S'élêve, par la mort du cruel Antonin;
Et lui même, cédant son tour à la cabale,
Au trône, en périssant, laisse Héliogabale,
Prince, que, chaque jour, plus d'un crime flétrit,
Alexandre, adopté, fut le seul bien qu'il fit;
En lui, d'un souverain la gloire est consommée.
Il périt, dans la Gaule, et sa mère Mammée.
On élève à son rang le cruel Maximin;
Mais le soldat proscrit ce cyclope Romain;
Le Soldat l'assassine; et, de ce méchant homme,
Puppien et Balbin, tous deux, consolent Rome:
Leur mort fait bientôt place au jeune Gordien,
Qui choisit, pour régner, Philippe le Chrétien,
Avec même succès, Dèce fait même crime;
Long tems de sa fureur l'Eglise est la victime.
Le perfide Gallus, tributaire des Goths,
Achète lâchement un indigue repos.
Valérien plus grand; mais, plein d'un zèle impie,
Dans les fers de Sapor expia sa furie;
Mais Gallien, son fils, que le plaisir abat,
Laisse trente Tyrans désoler tout l'Etat.
Juste, une seule fois, à son rang il allie
Le vaillant Odénat, la chaste Zenobie,
Claude, vainqueur des Goths, dans un règne d'un an,
Fait retrouver Auguste, Antonin et Trajan.
On nomme Aurélien; et son rival Quintille
Meurt, pour sauver à Rome, une guerre civile.
Aurélien, plus fier qu'aucun autre César,
Traine, avec Tetricus, Zénobie à son char:

Le Sénat et l'Armée, après lui, n'ont l'audace,
Pendant six mois entiers, de choisir à sa place.
Le modeste Tacite enfin céde à leur choix,
Et sçait rendre immortel un règne de six mois.
Probus, plein de vertus, brave, attentif, habile,
Périt par le soldat, qu'il forçoit d'être utile.
Et Carus, qui se croit, pour tout vaincre, envoyé,
Triomphant de la Perse, y périt foudroyé.
De l'orgueilleux Aper la parricide audace
Proscrit Numérien, pour usurper sa place;
Mais il en perd le fruit, et Dioclétien,
A peine proclamé, venge Numérien:
Carin, fils de Carus, sous ses armes expire.
Maximien et lui sont Maîtres de l'Empire;
Et deux nouveaux Césars, alliés à leurs droits,
Prennent part à leur Trône ainsi qu'à leurs exploits,
L'un et l'autre Empereur, abdiquant la puissance
Font gouverner, pour eux, et Galère et Constance:
Constance, Prince humain; l'autre, plein de hauteur,
Et du culte Chrétien ardent persécuteur.
Constantin, quand ses droits l'arment contre Maxence,
Se recommande au Dieu qu'avoit servi Constance;
La Croix luit dans les Cieux; et Constantin, soumis,
Triomphe, par la Croix, de tous ses ennemis.
Six Empereurs règnoient; seul, il devient le maître;
De l'Eglise, sous lui, les jours heureux vont naître.
Elle a sçû triompher des chaînes, des terreurs;
Dieu la venge, aujourdhui, de ses persécuteurs.
De ses maîtres enfin Rome perd la présence;
Et voit tous les honneurs, transportés à Bysance.

Constantin Deux, son fils, gouverne avec douceur.
Constance Deux, son frère, en caressant l'erreur,
Opprime l'innocent ; mais sa douleur extrême
Efface tous ses torts, dans les eaux du Baptême.
Constant Premier, poursuit la Superstition ;
Et, protecteur zélé de la Religion,
Des Evêques proscrits prend, en main, la défense,
Et les fait respecter de son frère Constance,
Dont la mort donne enfin la pourpre à Julien.
De ce fourbe Apostat, le pieux Jovien
Répare tous les maux, pour l'honneur de l'histoire,
Et se couvre à jamais d'une immortelle Gloire ;
Mais Dieu, quoique Jaloux du sort de ses Autels,
Ne fait que le montrer aux regards des mortels.

HISTOIRE
DE
FRANCE

PREMIÈRE RACE.
MÉROVINGIENS.

420. *I Roi. Pharamond.*

Pharamond des Français fut chef et premier Roi.
On croit qu'il établit cette fameuse loi,
Que l'on nomme Salique; et par qui la couronne,
Dans cet Etat puissant, aux seuls mâles se donne,

428. *II Roi. Clodion le Chevelu, son fils.*

Clodion, Second Roi, surnommé Chevelu,
Fit la guerre aux Romains, et deux fois fut vaincu.

447. *III Roi. Mérovée, élu.*

Mérovée, après lui, fut élu Roi de France;

Sa valeur fut son droit, et non pas sa naissance.
Digne de ce haut rang, ce Roi se signala
Aux plaines de châlons, où le fier Attila,
Roi des huns, et fléau de la nature entière,
A' cent mille des siens vit mordre la poussière.

458. *IV Roi. Childéric I, son fils.*

Childéric, de l'état, par son peuple chassé,
Vit un fier étranger, sur son trône placé.
Il brava chez Bazin, par son intempérance,
Les lois, le droit des gens et la reconnaissance.
Ce Roi, dans ses Etats, dut son heureux retour
Au zèle ingénieux d'un Seigneur de sa cour :
Il revint en vainqueur : on oublia ses vices,
Et de son peuple alors il devint les délices.

481. *V Roi. Clovis I, son fils.*

Clovis fut un héros, mais trop peu modéré.
Du sang de ses parens il fut trop altéré.
Soissons, et Tolbiac, et Vouillé, pour sa gloire,
Retentirent, trois fois, des chants de la victoire;
Un miracle éclatant lui dessilla les yeux;
Il abjura l'Erreur, et quitta les faux Dieux.

511. *VI* Roi. *Childebert I, son fils.*

Clodomir, Thierry, Childebert et Clotaire,
Partagèrent entr'eux les Etats de leur père;
Coutume fort contraire au bonheur de l'Etat,
Qui ternissoit du trône, et la gloire et l'éclat.
Childebert, par le sort, eut Paris en partage.

Ce Roi fut libéral, eut beaucoup de courage ;
Mais, trop ambitieux, fut, dans sa cruauté,
Sourd à la voix du sang et de l'humanité.

558. *VII Roi. Clotaire I, son frère.*

Clotaire, devenu Roi de toute la France,
De son père Clovis réunit la puissance.
Il vainquit les Saxons, et son fils criminel ;
Mais il punit ce fils, en père trop cruel.

562. *VIII Roi. Caribert, son fils.*

La France, en quatre parts, fut encor divisée.
Caribert ne montra qu' une ame efféminée ;
Et ce Prince, à l'amour, abandonnant son coeur,
Préféra la mollesse au soin de sa Grandeur,
Sigebert, Chilpéric, et Gontran gouvernèrent
L' Etat qui leur échut, alors qu'ils partagèrent :
Sigebert, Roi de Metz, Chilpéric de Soissons,
Et Gontran d'Orléans, si fertile en moissons.

567. *IX Roi. Chilpéric I, son frère.*

Chilpéric hérita des Etats de son frère.
Néron de ses sujets, cruel et sanguinaire,
Il se souilla du sang des plus Grands de sa Cour ;
A son épouse même il fit ravir le jour,
Pour partager son trône avec une furie,
Dont on connoît assez l'affreuse barbarie ;
Et qui, voyant ses jours, par son crime, en danger,
Prévint ce Roi barbare, et le fit égorger.

584. *X Roi. Clotaire II, son fils.*

Clotaire Deux, son fils, fut Roi, sous la Régence
De cette femme impie : et bientôt sa prudence
Lui mérita les noms de juste et de Grand Roi.
Au Saxon indomptable il sçut donner la loi ;
Mais, envers Brunehault, barbare, en sa justice,
Il livra cette Reine au plus affreux supplice.
Affable, libéral, brave, et législateur,
Il sçut donner, aux lois, leur ancienne vigueur.

628. *XI Roi. Dagobert I, son fils.*

Dagobert soutint bien son rang et sa puissance,
Et le Gascon rebelle éprouva sa vaillance :
Il fonda Saint-Denis, où son corps fut porté,
Ainsi que ceux des Rois de sa postérité.

638. *XII Roi. Clovis II, son fils.*

Clovis second, son fils, fut foible et sans courage.
Son frère eut l'Austrasie à titre d'Apanage.
Sous ce Roi, le Premier, surnommé Fainéant,
Le trône est avili, l'Etat est languissant ;
Et le Maire, absorbant la puissance suprême,
Usurpe impunément l' honneur du Diadême.
La famine à la France aussi se fit sentir :
Le peuple gémissoit ; et, pour le secourir,
Clovis, de Saint-Denis, enleva les richesses,
De Dagobert, son père, éclatantes largesses.

660. XIII Roi. Clotaire III, son fils.

Le Troisième Clotaire, en sa fleur, moissonné,
N'eut de Roi que le nom, quoiqu'il fut couronné:
Et le Maire, abusant d'une injuste puissance,
A la sage Bathilde enleva la Régence.
Cette Reine avoit fait, sous son gouvernement,
Régner, avec l'honneur, la bonté seulement;
Mais le perfide Ebroin, monstre affreux d'avarice.
Fit régner, à son gré, l'orgueil et l'injustice.

668. XIV Roi. Childéric II, son frère.

Chidéric Deux, son frère, au trône fut placé.
Bientôt de la vertu ce Prince abandonné,
Parut voluptueux, injuste, sanguinaire.
Il vainquit Ebroin combattant pour son frère,
Et, tous deux, dans un cloître, il les fit enfermer:
Il devint plus cruel, loin de se réformer,
Bodillon outragé, pour venger son injure,
De ce Prince odieux délivra la nature.

673. XV Roi. Thierry I, son frère.

Thierry, pour régner, fut du Cloître tiré;
Mais ce Roi fainéant fut si peu révéré,
Que Pépin, profitant de sa foiblesse extrême,
Le vainquit, et garda l'autorité suprême.

690. XVI Roi. Clovis III, son fils.

Le Troisième Clovis ne règna que cinq ans;

Il fut, de tous nos Rois, un des plus fainéans.
Et Pépin d'héristal, conservant sa puissance,
Fut l'amour des français et l'honneur de la France,
Digne en effet du trône et rempli de douceur,
Il sçut faire admirer ses vertus, sa valeur.

695. XVII Roi. Childebert II, son frère.

Childebert Deux, succède à Clovis Trois, son frère;
Mais, quoique vertueux, foible jouet du maire,
Il ne put d'un sujet rabaisser la grandeur,
Ni du trône, avili, relever la splendeur.

711. XVIII Roi. Dagobert II, son fils.

Dagobert Deux, son fils, porta peu la couronne:
Au valeureux Pépin, trop foible il s'abandonne.
Celui-ci tout puissant et maître de son Roi;
Sage et toujours heureux, au Frison fait la loi.
Son fils, Charles Martel, digne fils d'un tel père,
Hérita du pouvoir de cet illustre Maire,

718. XIX Roi. Clotaire IV.

Clotaire, élu par lui, ne règna que deux ans:
On ne sçait ce qu'il fit, ni s'il eut des enfans.

719. XX Roi. Chilpéric II, fils de Childéric II.

Chilpéric Daniel, enfin tiré du Cloître,
Vit du brave Martel la puissance s'accroître.
Ce héros sçut fixer la fortune, en tous lieux,
Et, deux fois, du Monarque il fut victorieux.

Chilpéric étoit brave, actif, plein de prudence :
Le bonheur de Martel lui ravit sa puissance.
Il combattit toujours, loin d'être fainéant,
Et du sort le mérite est seul indépendant.

721. *XXI Roi. Thierry II, de Chelles, fils de Dagobert II.*

Thierry deux, aussi, porta le diadême.
Sous son règne, où Martel fut plus Roi que lui-même,
Le Sarrasin vaincu, le Frison terrassé,
Le Bourguignon soumis, l'Aquitain rabaissé,
De ce héros heureux, chéri de la victoire,
Ont illustré le nom, au temple de Mémoire.

742. *XXII Roi. Childéric III, l'insensé, son fils.*

Childéric Trois, son fils, , surnommé l'insensé,
Aprés un interrègne, au trône fut placé.
L'ambitieux Pépin, que la gloire environne,
Avec la liberté, lui ravit la Couronne.
Ce Roi fut le dernier des Mérovingiens,
Et Pépin le premier des Carlovingiens.

DEUXIÈME RACE.

CARLOVINGIENS.

750. *XXIII Roi. Pépin le bref, fils de Charles Martel.*

Pépin, nommé le Bref, fut élu Roi de France,
Ce Roi fit respecter et chérir sa puissance.
Il abolit enfin les dangereux emplois
De ces Maires, rivaux et tyrans de leurs Rois,
Plus puissants dans l'Etat que le Monarque même,
Et bravant dès long-tems l'orgueil du diadême.
Du siége Apostolique il fonda la Grandeur,
Et fut toujours du Pape un zélé défenseur.
La valeur, de ce roi fut le noble apanage,
La Victoire, en tous lieux, seconda son courage,
Trois fois, du fier Astolphe il fut l'heureux vainqueur;
Et l'Aquitain rebelle éprouva son grand coeur;

768. *XXIV Roi. Charlemagne et Carloman, ses fils.*

Charlemagne, héritier des vertus de son père,
Réunit tout l'Empire, à la mort de son frère.
Ce Roi, de ses voisins la terreur et l'effroi,
Détrôna le Lombard, au Saxon fit la loi,

Soumit le fier Breton, conserva l'Aquitaine,
Et défendit les droits de l'Eglise Romaine.
Politique profond, brave et grand conquérant,
Il rétablit l'éclat du Sceptre d'Occident.

814. *XXV Roi. Louis I, le Débonnaire, son fils.*

Louis, son Successeur, surnommé Débonnaire,
Empereur et Roi foible, et trop malheureux père,
Du trône fut, deux fois, par ses fils renversé,
Deux fois, en dépit d'eux, il y fut replacé.

840. *XXVI Roi. Charles le Chauve, son fils.*

Son fils, Charles le Chauve, eut la funeste gloir,
A ses frères ligués, d'arracher la Victoire;
Et Fontenai, témoin de ce combat affreux,
Vit des torrens de sang rougir ses champs poudreux.
Les barbares, sous lui, répandus dans la France,
Désolérent l'Etat, bravèrent sa puissance;
Et les Normands cruels, sortis du fond du nord,
Semèrent, en tous lieux, la terreur et la mort.
Ce Prince, couronné dans Rome, et dans Pavie,
Mourut empoisonné, revenant d'Italie.

877. *XXVII Roi. Louis II, le Bègue, son fils.*

Louis Deux, dit le Bègue, eut beaucoup d'équité;
Mais il se servit mal de son autorité;
Et les Seigneurs, soustraits à son obéissance,
Usurpèrent bientôt la suprême puissance,

879. *XXVIII Roi. Louis III, et Carloman, ses fils.*

Il eut pour successeur, Louis Trois, Carloman,
Qui furent la terreur du farouche Normand;
Et le trône, peu fait pour souffrir de partage,
Les vit régner ensemble et régner sans ombrage.
Ces deux Princes avoient des Vertus, de l'honneur,
Et montrèrent toujours la plus haute Valeur.
Louis, régna deux ans; l'autre, un peu davantage;
Ils moururent, tous deux, à la fleur de leur âge.

884. *XXIX Roi. Charles le Gros.*

Charles, nommé le Gros, Empereur d'Occident,
Vint régner, pour le Simple, encore trop enfant:
Mais ce Roi malheureux, que chacun abandonne,
Avec le jugement, perd aussi la Couronne.
Autre fois Souverain de tant d'Etats puissans,
Dans l'opprobre, il finit des jours trop languissans.

888. *XXX Roi. Eudes, élu.*

Eudes, sans aucun droit que sa valeur extrême,
Par un choix glorieux, reçut le diadême.
Deux fois, le fier Normand éprouva sa valeur,
Et deux fois, de ce peuple il fut l'heureux vainqueur.
Courageux et prudent, bien fait de sa personne,
Digne par ses hauts faits de porter la Couronne,
Ce Prince eut les vertus d'un Roi d'élection:
La Grandeur de l'Etat fut son ambition.

898. *XXXI Roi. Charles le Simple, fils de Louis le Bègue.*

Charles, le Simple, enfin, au trône de ses pères,
Trouva, dans ses Vassaux, de puissans adversaires.
Ce Roi céda sa fille et le champ Neustrien
Au brave et fier Rollon, qui se rendit chrétien.
Vaincu par un sujet, il perdit la Couronne,
Et mourut, dans les fers, enfermé dans Péronne.

929. *XXXII Roi. Raoul, élu.*

Raoul fut un grand Roi, sage et plein de valeur;
L'honneur du Trône enfin; mais un usurpateur.
Devant lui le Hongrois, le féroce Bulgare,
Perdirent tout-à-coup leur audace barbare.

936. *XXXIII Roi. Louis IV, d'Outremer, fils de Charles le Simple.*

Louis Quatre du nom, surnommé d'Outremer,
Vengea Charles le Simple, en punissant Herbert.
Il voulut de Richard enlever l'héritage,
Mais le chef des Danois rabaissa son courage:
Dans la fleur de son âge, il termina son sort;
Un accident fatal fut cause de sa mort.
Il étoit courageux, mais un peu trop facile;
Il eut fait un grand Roi, dans un Etat tranquille:
Mais le trône ébranlé, le trouble en ses Etats,
Exigeoient des talens, que ce Roi n'avoit pas.

954. *XXXIV Roi. Lothaire, son fils.*

Son successeur Lothaire, actif, prudent et sage,
Contre le fier Othon signala son courage.
Mais ce Roi généreux, digne d'un meilleur sort,
Trouva, dans son Palais, le poison et la mort.

980. XXXV *Roi. Louis V, le fainéant son fils.*

Du dernier de ce sang, Louis remplit la place,
Il n'eut point les vertus des héros de sa race.
Au mépris des Français il fut abandonné,
Et par Blanche, sa femme, il fut empoisonné.

TROISIÈME RACE.

CAPÉTIENS.

987. *XXXVI Roi. Hugues Capet.*

Capet, qui des Français mérita la couronne,
N'avoit aucun des droits, que la naissance donne;
Mais il étoit actif, prudent, plein de valeur,
Généreux, politique et doué d'un grand coeur.
Il sçut gagner du peuple, et l'amour, et l'estime;
Il prit et renferma son Prince légitime:
Et, fixant, dans Paris, sa demeure et sa cour,
Il en fit de nos Rois le plus brillant séjour.

997. *XXXVII Roi. Robert, son fils.*

Robert, son successeur, humain, prudent et sage,
Eut toutes les vertus, pour premier apanage;
Mais, rebelle à l'Eglise ainsi qu'aux lois du sang,
Il se vit foudroyer du fond du Vatican.
Ce Prince réunit la Bourgogne à la France:
On le vit, peu jaloux d'augmenter sa puissance,
Refuser un Empire et ce sceptre éclatant,
Qui soumit l'univers aux lois de l'Occident.

On le met justement au rang des meilleurs princes ;
Sa bonté s'étendit sur toutes ses provinces.
Roi de ses passions comme de ses sujets,
Sa mort causa des pleurs et de justes regrets.

1031. *XXXVIII Roi. Henri I, son fils.*

Henri, son fils aîné, régna, malgré sa mère.
Il céda la Bourgogne au Duc Robert, son frère ;
Et volant au secours du célèbre bâtard,
Il sçut de la victoire arborer l'Etendart.
Ce prince belliqueux, de valeur héroïque,
Fut un Roi, plein d'honneur, pieux et politique.
La Maison de Savoie, et celle des Lorrains,
Ont pour tiges, Gêrard, Humbert aux blanches mains.

1060. *XXXIX Roi. Philippe I, son fils.*

Philippe, trop peu sage, éprouva la vaillance
D'un héros outragé, terrible en sa vengeance ;
Il méprisa la gloire, il avilit son coeur,
Et suivit ses penchans, aux dépens de l'honneur.
Godefroi, sous son règne, armé d'un saint courage,
Tira Jérusalem d'un honteux esclavage,
Et se vit proclamer, par un choix glorieux,
Souverain des chrétiens opprimés dans ces lieux.

1108. *XL Roi. Louis VI, le Gros, son fils.*

Louis Six, dit le Gros, commença cette guerre,
Qui, jusqu'à Charles Sept occupa l'Angleterre ;
Et porta, le premier, ce divin Etendard

Qui descendit du ciel, si l'on en croit Froissard.
Du sort, à Brenneville, il connut l' inconstance;
Mais il fit au Germain redouter sa puissance.
Aux Seigneurs peu soumis il sçut donner la loi:
Un peu de politique en eut fait un grand Roi.

1137. *XLI Roi. Louis VII, le jeune, son fils.*

Louis Sept, à Vitri, barbere en sa colère,
Souleva, par son crime, et le ciel et la terre;
Mais, sensible aux avis du bienheureux Bernard,
Contre les Sarrasins il leva l'etendard.
Il vit, dans les lieux saints, échouer sa puissance,
Fut pris et délivré: dans son retour en France,
Manqua de politique; et, par un coup d'éclat,
Perdit Eléonore, et démembra l' Etat.

1180. *XLII Roi. Philippe II, Auguste, son fils.*

Philippe Auguste, heureux, juste et plein de courage,
Fut ceint du diadême, à la fleur de son âge.
On vit les douze pairs, chacun selon ses droits,
A' son sacre assister pour la première fois.
Ce prince, avec Richard, entreprit la croisade,
Pour Lusignan, vaincu près de Tibériade,
Et, des seigneurs français vit les heureux destins
Fonder, en Orient, l'empire des Latins.
A l'assassin d'Artus il prit la Normandie,
Et le fit condamner à perdre aussi la vie:
Pour dompter l'Albigeois, il vit partir Montfort,
Qui fut, dans ses projets, arrêté par la mort.
Enfin, toujours heureux, couronné par la gloire,
Ce Monarque, à Bouvine, enchaîna la Victoire.

Il conquit la Touraine, et l'Artois, et l'Anjou,
Le Maine et Montargis, l'Auvergne et le Poitou.

1223. *XLIII Roi. Louis VIII, Coeur de Lion, son fils.*

Louis Huit, à sa mort, devenu Roi de France,
Avoit du peuple Anglais éprouvé l'inconstance.
Ce prince belliqueux, nommé Coeur de Lion,
Fit une guerre heureuse à la fière Albion,
Et vainquit l'Albigeois, malheureux hérétique,
Contre qui se croisa souvent le Catholique.

1226. *XLIV Roi. Louis IX, le Saint, son fils.*

Louis Neuf, Roi pieux et rempli de valeur,
Ne s'écarta jamais des sentiers de l'honneur.
A' Taillebourg, à Sainte, environné de gloire,
Sous ses heureux drapeaux, il rangea la Victoire;
Et, dans la Palestine, armé pour les saints lieux,
Longtems de l'infidèle il fut victorieux.
Mais le fier Sarrasin, pour venger cet outrage,
Le vainquit à Massour, enchaîna son courage;
Et sa mort termina ces voyages fameux,
Tant de fois entrepris, si souvent malheureux;
Et dont le premier but étoit la délivrance
Des lieux, où du Sauveur s'opéra la naissance,

1270. *XLV Roi. Philippe III, le hardi, son fils.*

Philippe le Hardi, digne fils d'un héros,
Terrassa l'infidèle et repassa les flots.
Ce Prince, redoutable au crime, à l'injustice;
Du perfide la Brosse ordonna le supplice:

Mais sous ce règne heureux, la Sicile en fureur,
Renfermant, dans son sein, le carnage et l'horreur,
Outrageant, à la fois, le ciel et la nature,
Versa le sang français, pour laver une injure.

1285. *XLVI Roi. Philippe IV, le Bel son fils.*

Philippe, dit le Bel, généreux, plein de coeur,
Devant Courtrai vaincu, près de Mons fut vainqueur.
Ce Prince, avec le Pape, eut de vives querelles,
Brûla les Templiers, pour leurs moeurs criminelles.
Le premier, dans l'Etat, fit altérer l'argent,
Et fixa, dans Paris, le premier parlement.

1314. *XLVII Roi. Louis X, le Hutin, son fils.*

Louis Hutin, son fils, régna peu sur la France,
Et Charles de Valois partagea sa puissance.
Victime de ce Prince, Enguerrand malheureux.
Subit injustement le sort le plus affreux.

1316. *XLVIII Roi. Philippe V, le Long, son frère.*

Philippe, dit le Long, brave et bon politique,
N'eut le bandeau des Rois que par la loi salique.
Il fut prudent, habile et rempli de douceur,
Il aima les savans et fut leur protecteur.

1321. *XLIX Roi. Charles IV, le Bel, son frère.*

Charles le Bel, son frère, eut aussi sa puissance.
Il punit de Gérar la coupable opulence;
Mais il vécut sans gloire, et régna sans éclat,

N'ayant jamais rien fait pour le peuple et l'Etat,

1328. *L Roi. Philippe VI de Valois, petit fils de Philippe le hardi.*

Philippe de Valois, fut rempli de vaillance;
Par la loi de l'Etat, il devint Roi de France.
Triomphant à Cassel, à Créci malheureux,
Il éprouva, sur l'onde, un sort trop rigoureux,
Fit, en perdant Calais, une perte cruelle,
Acquit le Viénnois, établit la gabelle.

1350. *LI Roi. Iean le Bon, son fils.*

Jean, dit le Bon, son fils, fut brave et généreux:
Mais, par son imprudence, á Poitiers malheureux,
Il vit le désespoir, irritant le courage,
Triompher du grand nombre, emporter l'avantage.
Trop long-tems prisonnier d'un superbe ennemi,
Il n'eut la liberté, la paix qu'à Bretigni.
Paris se vit en proie à la guerre civile,
Et Marcel à l'Anglais alloit livrer la ville;
Mais le brave Maillard, citoyen généreux,
Prévint ce noir complot, punit ce malheureux.
Ce Prince aima l'éclat, mais non pas la mollesse,
Fut grand, dans le malheur; fidèle à sa promesse:
Je voudrois, disoit il, que l'honneur éxilé,
Eut, dans le coeur des Rois, un asile assuré.

1364. *LII Roi. Charles V, le Sage, son fils.*

Charles Cinq, plus prudent, plus heureux que son père,
Du fond de son palais, sçut vaincre l'Angleterre.

Secondé par le sage et vaillant du Guesclin,
Il releva bientôt l'Etat sur son déclin,
Et voulut que nos rois, au sortir de l'enfance,
Majeurs à quatorze ans, connussent leur puissance.
Charles fut de la France et la gloire et l'honneur,
Adoré de son peuple, il en fit le bonheur :
Heureux par ses vertus, il eut le nom de Sage,
Et jamais Roi ne fut regretté davantage.

1380. *LIII Roi. Charles VI son fils.*

Charles Six éprouva le sort le plus affreux :
Vainqueur à Rosebec, mais depuis malheureux.
A' la discorde il vit la France abandonnée,
Et ne put retrouver sa raison égarée.
Aux plaines d'Azincourt, trop funestes tombeaux,
L'Anglais du Sang Français fit rougir ses drapeaux,
Et, plus cruels encore, on vit dans la patrie,
Bourguignons, Armagnacs, animés par l'envie,
Usurpant le pouvoir, bouleversant l'Etat,
Se venger, tour à tour, par un assassinat.
Ce Roi, triste jouet de l'injuste fortune,
Finit, dans les douleurs, une vie importune.

1422. *LIV Roi. Charles VII, le Victorieux, son fils.*

Charles Sept, sur l'Anglais, conquit son propre Etat ;
L'histoire dit qu'il dut son trône et son éclat
Au courage étonnant d'une fille guerrière,
Que l'Anglais fit brûler, la prenant pour sorcière.
Ce Prince, enfin vainqueur, auprès de Fourmigni,
Fit trembler, à son tour, son superbe ennemi,
Et, sur le Grand Talbot, remporta la victoire :

Mais, séduit par l'amour, il négligea la gloire,
Et se livra lui-même aux horreurs de la mort,
Craignant que le poison ne terminât son sort.
Il fut malheureux fils, et plus malheureux père;
Mais il fut très-vaillant, généreux et sincère.

1461. *LV Roi. Louis XI, son fils.*

Louis, son successeur, mauvais fils, mauvais Roi,
Vit ses sujets ligués, pour lui donner la loi.
Infidèle aux traités, il faillit, dans Péronne,
Avec la liberté, perdre aussi la Couronne.
Ce Prince institua l'ordre de saint-Michel,
Fut superstitieux, politique et cruel.
Il punit la Balue, atteint de perfidie:
A' Saint-Paul, à Nemours il fit perdre la vie.
Il vit une autre Jeanne, exemple des Français,
S'armer pour la patrie et défendre Beauvais:
Il réunit aussi la Bourgogne à la France;
Mais toujours soupçonneux, il bannit la clémence.

1483. *LVI Roi. Charles VIII, son fils.*

Charles Huit, plus affable, aimé de ses sujets,
Signala sa puissance, à force de bienfaits.
Ce prince étant mineur, sa Soeur eut la régence;
Mais le Duc d'Orléans voulut la préférence.
Un combat malheureux lui ravit cet honneur,
Et devant Saint-Aubin il trouva son vainqueur.
Ce Roi, par un hymen, posséda la Bretagne,
Conquit Naples, Florence, en moins d'une campagne;
Et, volant à Fornoue, en Roi victorieux,
S'ouvrit, en ses Etats, un retour glorieux.

1498. *LVII Roi. Louis XII Arrière petit fils de Charles V.*

Louis, duc d'Orléans, de ses sujets le Père,
Méprisa la vengeance et dompta la colère.
Il vainquit Ludovic, conquit le Milanais,
Soutint près d'Agnadel l'honneur du nom Français,
Vit Nemours, à Ravenne, animé par la gloire,
A la fleur de son âge, enchaîner la victoire,
Et ce jeune héros, du sang des demi-dieux,
Terminer ses destins, par un sort glorieux.
A Navarre, le Suisse, aiguisant son courage,
De tant d'exploits brillans lui ravit l'avantage;
Et, devant Guinegate, il vit ses escadrons
N'opposer à l'Anglais que de vils éperons.
Ce Prince qu'aux Français donna le ciel propice,
Sur son trône, avec lui, fit asseoir la Justice.
Il pardonna souvent, il régna sur les coeurs,
Et des yeux de son peuple il essuya les pleurs.

1515 *LVIII Roi. François I, Arrière petit-fils de Louis, duc d'Orléans, second fils de Charles V.*

François Premier régna, par le droit de naissance.
Il fut grand, maguanime et l'honneur de la France.
Son règne est l'âge heureux, où l'on vit, dans l'Etat,
Les sciences, les arts renaître avec éclat.
Ce Prince eut d'un Héros la valeur en partage,
Trois jours, à Marignan, signala son courage,
Et faisant tout céder à sa rare valeur,
Du Suisse opiniâtre il resta le vainqueur:
Mais il perdit Bayard, dans la triste retraite,

Où le traître Bourbon confirma sa défaite,
Et se vit, à Pavie, encor plus malheureux,
Prisonnier d'un rival moins que lui génereux.

1547. *LIX Roi. Henri II, son fils.*

Henri Second, son fils, sçut régner avec gloire,
Il se vit, à Renti, chéri de la Victoire ;
Mais ainsique François, trahi par le destin,
Il connut ses rigueurs auprès de saint Quentin ;
Et ce combat funeste alarmant sa puissance,
Répandit la terreur, dans le sein de la France.
Par Guise cependant il reprit aux Anglais,
Guines, et Thionville, et le port de Calais.
A' Cateau-Cambrésis, par une faute affreuse,
Il conclut une paix maudite et malheureuse ;
Et termina son règne et sa vie à la fois,
En prenant le plaisir d'un funeste tournois.
C'est ce même Henri, qui joignit, à la France,
Metz et Toul, et Verdun, soumis à sa puissanee.

1559. *LX Roi. François II, fils de Henri II.*

François Deux, dont le regne est court et malheureux,
Vit le germe naissant de ces troubles affreux,
Qui firent trop long-temps arroser les provinces
Du sang des Citoyens et du sang de leurs Princes.
Les Guises, sous ce Roi, Ministres trop puissans,
Triomphèrent d'Amboise et des projets des Grands :
Et la mort de ce Prince épargna l'infamie
A Condé, qui bientôt devoit perdre la vie.

1560. *LXI Roi. Charles IX, son frère,*

Son frère, Charles Neuf, voit gouverner l'Etat,
Comme Rome autrefois, par un Triumvirat;
Et Vassi, lieu témoin d'un massacre inutile,
Donne l'affreux signal de la guerre civile,
A' Dreux et Saint-Denis, Jarnac et Moncontour,
Le huguenot rebelle est vaincu sans retour;
Mais ce Prince, ordonnant le plus affreux des crimes,
De beaucoup de sujets fit autant de victimes.
On vit avec horreur, dans ce jour odieux,
Contre les huguenots, le français furieux,
Armé de la vengeance et de la barbarie,
Du sang des citoyens inonder la patrie;
Le Roi même y trempa ses homicides mains,
Et par un sort affreux termina ses destins.
Dieu déployant, sur lui, sa vengeance sévère,
Marque ce Roi mourant du sceau de sa colère;
Son sang, à gros bouillons, de son corps élancé,
Vengeoit le sang français, par ses ordres versé.
Il se sentoit, frappé d'une main invisible;
Et le peuple, étonné de cette fin terrible,
Plaignit un Roi, si jeune et sitôt moissonné,
Un Roi, par les méchans, dans le crime entraîné,
Et dont le repentir promettoit à la France,
D'un Empire plus doux quelque foible espérance.

1574. *LXII Roi. Henri III, son frère.*

Henri Trois, sans état, sage, heureux et vainqueur,
Sans vertus, sur le trône, y régna sans honneur,
Il s'étoit fait un nom, par sa valeur insigne,

Et tant qu'il fut sujet, du sceptre il parut digne.
Tel brille, au second rang, qui s'éclipse au premier;
Il devint, lâche Roi, d'intrépide guerrier.
Endormi sur le trône, au sein de la mollesse,
Le poids de la couronne accabla sa foiblesse.
Quélus et Saint Maigrin, Joyeuse et d'Epernon,
Jeunes voluptueux, régnoient seuls, sous son nom.
Il quitta la Pologne et son pouvoir suprême,
Pour ceindre des Valois le brillant diadême;
Mais son règne odieux, règne des favoris,
Vit le Royaume, en proie au fer des trois Henris;
Et le sort, à Coutras, trop funeste à Joyeuse,
Seconda d'un héros la valeur généreuse.
Ce Prince institua l'ordre du saint-Esprit.
Roi foible, dans l'Etat il n'eut pas grand crédit.
Des Seize et des ligueurs essuyant les bravades,
Il sortit de paris, après les barricades.
Il se vengea, dans Blois, des Guises trop puissans,
Et vit tous les ligueurs à ce coup frémissans.
Mais ayant de Bourbon imploré le courage,
Il fut assassiné, dans la fleur de son âge.

1589. *LXIII Roi. Henri IV, fils d'Antoine de Bourbon, roi de Navarre.*

Henri, ce grand Bourbon, fut le meilleur des rois,
A ses devoirs fidèle et défenseur des lois:
Aussi grand daus la paix, que vaillant dans la guerre,
Il fut de ses sujets le vainqueur et le père.
Par la ligue et par Rome, il fut deshérité,
Il sçut vaincre Mayenne et dompter sa fierté.
Près d'Arques, près d'Ivry, lieux témoins de sa gloire,
A' ses heureux drapeaux il soumit la victoire;

Et Paris, le voyant abjurer son erreur,
Fait succéder l'amour à toute sa fureur.
L'Espagnol, du grand nombre attenant l'avantage,
A Fontaine-Française éprouva son courage,
Et vit ce grand monarque, encor plus glorieux,
Dans Amiens, qu'il reprit, entrer victorieux.
Ce Prince fut, dans Nantes, à Calvin favorable,
Et conclut à Vervins une paix honorable.
Il vit Sully zèlé pour l'Etat et son Roi,
S'acquitter dignement d'un dangereux emploi,
Et faisant des Français le bonheur et la gloire,
Mériter un autel, au temple de mémoire.
Sensible à l'amitié, ce généreux Bourbon,
Pleura l' ingratitude et la mort de Biron:
Mais quoique ce héros, exemple de clémence,
Bornat tous ses désirs au bonheur de la France.
On le trahit sans cesse, on poursuivit ses jours;
Et l'affreux fanatisme, aux séduisans discours,
Dans le sein de ce roi, plongea le fer impie,
Qui termina le cours d'une si belle vie.

1640. *LXIV Roi. Louis XIII, son fils.*

Louis Treize fut juste et rempli de valeur,
Mais dut à Richelieu l'éclat de sa grandeur.
Il renferma Condé, mécontent et rebelle;
Et vit de Concini la mort juste et cruelle,
Rendre à l'Etat, plongé dans des troubles affreux,
Un calme nécessaire antant que précieux.
Rohan seul, et Soubise animant l'Hérétique,
Et voulant abolir le pouvoir monarchique,
Trois fois le fer en main, pour imposer la loi,
Déclarèrent la guerre à l'Etat, à leur Roi.

Mais l'heureux Richelieu, pour Louis, plein de zèle,
Dissipa leurs projets, leur ravit la Rochelle;
Et bravant la nature, et l'Anglais et les flots,
Renversa ces remparts, si chers aux huguenots.
Sous ce règne, illustré par un beau Ministère,
Le monarque eut souvent à combattre son frère:
Dans l'Etat, par la haine, on vit tout confondu,
Et le sang le plus beau fut souvent répandu.
Marillac, qui bravoit la mort pour sa patrie,
Perdit, sur l'échafaud, et l'honneur et la vie,
Ainsi que ce vaillant, ce Grand Montmorenci,
Terrible, mais rebelle à Castelnaudari.
Louis eut à combattre et l'Espagne et l'Empire,
Vainquit, et fut vaincu; mourut, sans les réduire.
Armand lui découvrit un funeste traité;
Il fit Juger Cinq Mars, avec sévérité;
Et vit de Thou discret, quoiqu'instruit de son crime,
D'une amitié trop rare, heroïque victime.

1643. LXV Roi. Louis XIV, son fils.

Louis-le-Grand, son fils, tel qu'on dépeint les Dieux,
Fut l'ornement d'un siécle illustre et glorieux.
Par la gloire, à régner, instruit dès son enfance,
Il mérita le nom d'Auguste de la France.
Condé, soutien du trône, en sa minorité,
Terrassa l'Espagnol, abaissa sa fierté;
Rocroi, Nordlingue et Lens le virent, plein de gloire,
Se jouer des combats et fixer la victoire;
Et Turenne à Fribourg, son Emule en valeur;
Sçut bientôt égaler cet illustre vainqueur.
Le bonheur de la France étonnoit les deux mondes,
Et Brézé, Richelieu, triomphoient sur les ondes:

Munster arrête alors la guerre et ses fureurs.
D'une paix glorieuse on goutoit les douceurs ;
Mais l'envie anima la discorde civile :
On vit Condé rebelle, et Conti, Longueville ;
On se nomma frondeur, ou l'on fut Mazarin ;
Turenne même alors trahit son souverain.
Ce grand homme à Rethel vit sa gloire flétrie,
Mais répara sa faute, en servant sa patrie,
Et vainquit en héros, sous les yeux de son Roi,
Aux portes de Paris, le vainqueur de Rocroi.
Louis aux Champs de Mars, à la fleur de son âge,
Courut, avec ardeur, signaler son courage.
Turenne, pour son Roi, sûr de vaincre en tous lieux,
Aux Dunes, près Dunkerque, eut un sort glorieux,
Et vit ce grand Monarque accorder à l'Espagne
Un traité glorieux que l'hymen accompagne.
Ce prince, ayant perdu le rusé Mazarin,
Fit briller les vertus d'un parfait Souverain.
Son règne fut celui des beaux-arts, des sciences :
Il fut, plus d'une fois, terrible en ses vengeances :
Il se fit respecter en ses Ambassadeurs,
Et fit long-tems la loi, du sein de ses grandeurs.
Il vit Louvois, Colbert, travailler à sa gloire,
En Afrique, envoya Beaufort à la victoire ;
Et fit marcher des Lys le brillant étendard,
Sous Montecuculli, vainqueur à Saint-Gothard,
Pour la Hollande armé, combattant l'Angleterre,
Bréda le vit finir cette guerre étrangère ;
Et bientôt il soutint, les armes à la main,
Sur le pays Flamand, ses droits, en Souverain.
La Comté fut soumise en moins d'une campagne ;
Mais, par le traité d'Aix, la rendant à l'Espagne,
Il retint, dans la Flandre, Oudenarde et Douai,

Charleroi, Bergues, Binch, et l'Escarpe, et Tournai.
Entre trois ennemis, jaloux de sa puissance,
Il se forma bientôt une triple alliance;
Mais il sut les dompter; et le Rhin plein d'effroi,
Crut voir un Dieu vengeur, sous les traits de ce Roi.
Il ravit la Comté pour jamais à l'Espagne;
Et Turenne en tous lieux, que la gloire accompagne,
A' Sintzeim, à Turkeim, affrontant le trépas,
Couroit à la Victoire, en allant aux combats.
Condé plus que jamais à son prince fidèle,
Se couvroit, à Sénef, d'une gloire immortelle;
Mais les destins, jaloux de nos succès heureux,
Pour Turenne, à Salsback furent trop rigoureux.
Du Quêne cependant, animé par la gloire,
Sur les flots, à Ruyter enleva la victoire.
Philippe aux champs de Mars, pour son frère et son Roi,
Sema, devant Cassel, le carnage et l'effroi;
Et la paix tant de fois, de la France exilée,
Par la gloire, à Nimègue, alors fut rappelée.
Le superbe Génois, Alger et Tripoli,
Quittèrent, à ses pieds, leur orgueil avili;
Il vit son nom voler jusqu'au bout de l'Asie;
Mais plus heureusement extirpa l'hérésie.
Tant de Succès brillans d'éclat et de grandeur,
Firent craindre, à l'Europe, un Roi toujours vainqueur.
Par la Ligue d'Augsbourg, contre lui, conjurée,
La guerre, avec fureur, fut par-tout rallumée;
Mais l'heureux Luxembourg, secondant son grand coeur,
A' Steinkerque, à Nervinde, à Fleurus fut vainqueur;
Et Catinat, terrible en un jour de bataille,
Mit le comble à sa gloire à Staffarde et Marsaille.
Alors, craint de l'Europe, en tous lieux respecté,
Dieu de paix, à Riswich, il quitta sa fierté.

Après le calme heureux d'une paix passagère,
Pour Philippe, en Espagne, il reporta la guerre:
Et Villars et Vendôme, et Tallard et Boufflers,
S'illustrèrent d'abord par mille exploits divers:
Mais enfin la victoire abandonna nos armes,
Nous trahit près d'Hochstet, et causa nos alarmes.
Vendôme à Cassano, sut dompter sa rigueur,
Et de l'heureux Eugène altéra le bonheur.
Villeroi malheureux, auprès de Ramillies,
Vit du sang des Français les campagnes rougies:
Oudenarde à Vendôme, et Blangis à Villars,
Ne montrèrent aussi que bâtaillons épars.
Nos succès, notre gloire, un moment disparurent;
Mais bientot la victoire et Villars accoururent:
Denain vit ce héros, par un triomphe heureux,
Rendre, aux Lys abattus, leur éclat glorieux;
Et la paix, que toujours suit de près l'abondance,
Dans Utrecht mit le comble au bonheur de la France.
Ce Prince, à juste titre, eut le surnom de Grand,
Et mérita de plus celui de Conquérant.
Il finit, en grand homme, une longue carrière,
Conservant jusqu'au bout sa vertu toute entière;
Et de tant de soutiens d'une auguste Maison,
Ne laissa, dans l'Etat, qu'un faible rejeton.

1715. LXVI *Roi*. *Louis XV, arrière petit fils de Louis XIV*.

Louis le bien-Aimé, Souverain dès l'Enfance,
De l'Europe admiré, fut chéri de la France.
Père de ses sujets, dont il fut adoré,
Il fut l'honneur du Trône et de l'humanité;
Et sûr, en combattant, d'enchaîner la victoire,

Il chercha, dans la paix, une plus juste gloire.
On ressentit l'effet de ses soins généreux,
Et, sous un tel Monarque, on ne put qu'être heureux.

1774. *LXVII Roi. Louis XVI, petit fils de Louis XV.*

Louis Seize héritant des Etats de ses pères,
Voulut en extirper les abus, les misères;
Pour le bonheur du peuple il formoit des projets.
Mais un complot pervers aliénant ses sujets,
Pronostiqua bientôt sa triste destinée;
Sa clémence enhardit la cabale acharnée:
Maupeou, dans son éxil, seul faisoit tout mouvoir,
Et Louis étoit Roi, mais un Roi sans pouvoir.
Entouré d'ennemis, il appella Vergennes,
De Muy, de Maurepas, leur confia ses peines;
Pendant un laps de temps, ces dignes favoris,
Font refleurir l'Etat et calment les partis.
Louis, par leurs conseils, leur sage politique,
Fait perdre, au fier Anglais, ses états d'Amérique,
Et venge son Aïeul de l'odieuse paix,
Faite à Fontainebleau, dans son propre palais.
Mais la mort lui ravit les soutiens de son Trône,
Et livre, aux factions, son Sceptre et sa Couronne.
Tous les partis dès lors, par leur mauvaise foi,
Font, de Louis le juste, un infortuné Roi.
Agissant sourdement, la perfide cabale,
Frappe, d'un coup mortel, l'autorité royale;
Louis, mal conseillé, veut détourner leurs coups,
Croyant faire le bien, fait le malheur de tous;
Convoque les Etats: là, chaque ordre s'empresse,
Mais le Tiers écrasa le Clergé, la Noblesse;

D'Orléans, son parent, ce monstre s'il en fut.
Soudoyant des Français l'opprobre et le rebut,
Ouvre la porte au crime, à l'affreuse anarchie,
Et fait priver son Roi du Trône et de la vie;
Mais ce Prince abhorré, peu sensible au remord,
Sur le même échafaud trouva la même mort;
Et par vingt ans de maux, la France infortunée,
Expia les erreurs d'une foule effrénée,
Louis seize, escorté de toutes les vertus,
Promettoit aux Français le règne de Titus;
Mais trop foible, lui seul, pour conjurer l'orage,
Dans le malheur du moins il montre un grand courage.
Son coeur ne sçut qu'aimer, pardonner et mourir;
Il auroit sçû régner, s'il avoit sçû punir.

1793. *LXVIII Roi. Louis XVII, fils de Louis XVI.*

A' peine le Dauphin avoit perdu son père,
Qu' il apprend le trépas de son auguste mère;
On l' arrache à sa tante, à cet Ange des cieux,
Dont les vertus au crime ont fait baisser les yeux:
On lui ravit sa soeur, dont l'aimable présence
Doit un jour consoler l'inconsolable France.
Comme un beau Lys, en proie à la fureur des Vents,
Louis dix-sept devient le Jouet des Méchants;
Mais sa funeste mort, de tant de pleurs suivie,
Le sauva des écueils d'une plus longue vie.

1795. *LXIX Roi. Louis XVIII, frère de Louis XVI.*

La France lasse enfin de ses barbares lois,
Maudit son joug de fer et regretta ses Rois;
Louis dix-huit revient des terres étrangères

Reprendre, au gré de tous, le Sceptre de ses pères,
Que lui gardoient les voeux de tous les coeurs Français.
Vainement, dans l'espoir d'un coupable succès,
La révolte déjà forme un nouvel orage;
Le calme est rétabli : La providence sage
Dissipe d'un regard ces insensés projets,
Rend au peuple son père, à Louis ses sujets.
La France, sous les loix d'un Monarque équitable,
Goûte déjà les fruits d'une paix favorable.
Le Ciel, touché des maux qu'a souffert ce pays,
Veut les réparer tous, par les mains de Louis.

HISTOIRE D'ANGLETERRE.

HEPTARCHIE.

Autrefois la Bretagne (aujourd'hui *l'Angleterre*)
Eut pour vainqueurs *César*, *Agricola*, *Sévère*.
Honorius rappelle à lui ses légions,
Et délaisse à regret les malheureux Bretons;
Le *Picte*, *l'Ecossois*, peuples cruels, sauvages,
La devastoient alors par de fréquens ravages.
Dans les Saxons croyant trouver des défenseurs,
Les imprudents *Bretons* n' ont que des oppresseurs.
L'Armorique à plusieurs offre une autre patrie,
Qui prend leur nom, leurs moeurs, leur langue et leur génie:
Les autres sont trahis par leur chef Vortigern.
Plus heureux sous son fils, le brave Vortimern,
Ils sont enfin réduits, après plusieurs batailles,
A fuir, dans le pays de Galle et Cornouailles.
Les *Anglois* aux *Saxons* par l' origine unis,
Confondus avec eux, partagent leur pays.
Sept Rois Anglo-Saxons fondèrent l'Heptarchie.

ROIS D'ANGLETERRE.

DE LA DOMINATION DES ANGLO-SAXONS.

800. 1er *Roi. Egbert.*

Egbert réunit seul toute la monarchie.

837. 2 *Roi. Ethelwolf, fils d'Egbert.*

D'un tel père *Ethelwolf*, indigne successeur,
Hérita de son sceptre et non de sa valeur.
Les féroces *Danois* désoloient *l'Angleterre*;
Ethelbald, *Ethelbert* en vain leur font la guerre.

858. 3 *Roi. Ethelbert, 2 fils d'Ethelwolf.*

Ces deux fils *d'Ethelwolf* règnent en même temps:
L'un est Roi de Westsex, et l'autre Roi de Kent;
Mais la mort, en ôtant la Couronne à son frère,
Rend dès lors *Ethelbert* Maître de l'Angleterre.

866. 4 *Roi. Ethelred I*

Ethelred brave, humain, et sage, et vertueux,
Fut l'amour de son peuple; et, pour le rendre heureux,
Il livra neuf combats; mais trop tôt l'Angleterre
Le pleure à Witingham d'une douleur amère.

871. 5 *Roi. Alfred le Grand.*

Dernier fils d'Ethelwolf, *Alfred* seul eut l'honneur
D'être de son pays le soutien, le vengeur;
L'histoire peint *Alfred* comme un héros, un sage,
Législateur chéri d'un peuple encor sauvage.

900. 6 *Roi. Edouard dit l'Ancien.*

Edouard, dit l'Ancien, comme lui grand guerrier,
De ses autres talents ne fut point l'héritier;
Sur tous ses ennemis il obtint la victoire,
Mais sa soeur *Ethelfrède* en partagea la gloire.
Trop jeunes pour monter au trône paternel,
Ses autres fils font place à son fils naturel.

924. 7 *Roi. Aldestan.*

Aldestan répara le tort de sa naissance,
Marins, cultivateurs, bénirent sa puissance.

940. 8 *Roi. Edmond I*

Edmond premier périt par la main d'un brigand.

946 9 *Roi. Edred.*

Edred est éclairé par le pieux *Dunstan*
Qui des Cloîtres enfin fonde la discipline;
Et, sous son règne, exile une guerre intestine.

955. 10 *Roi. Edwy.*

Pour sa parente Elgive, épris de tristes feux
Edwy perd la couronne et l'objet de ses voeux.

959. 11 *Roi. Edgard dit le pacifique.*

Le pacifique *Edgard* monte, au trône, en sa place,
Des loups en Angleterre extermine la race.

975. 12 Roi. *Edouard II dit le martyr.*

Trahi par sa marâtre, *Edoouard* meurt martyr.

978. 13 *Roi. Ethelred II.*

Ethelred, en Neustrie, est obligé de fuir,
Chancelle sur le trône, abusé par un traitre,
Que son fils *Edmond deux* ne sçût pas reconnoître.

1016. 14 *Roi. Edmond II, dit Côte de fer.*

Edmond du grand *Canut* alloit être vainqueur;
Mais *Edrick* le trahit, ...

1017. 15 *Roi. Canut I, dit le Grand.*

. . . . . *Canut* fut son vengeur,
Et sur son front altier, réunit trois couronnes.

1036. 16 *Roi. Harald I.*

Harald et *Canut* deux se partagent ses trônes,
Nés de lits différents, ces deux frères cruels
Vivent pour leur malheur en ennemis mortels.

1040. 17 *Roi. Canut II, ou hardi Canut.*

De *Canut* le Danois en eux finit la race.

1042. 18 *Roi. Edouard III, dit le confesseur.*

Le saint fils d'*Ethelred*, *Edouard* prend leur place;
Des Rois Anglo-Saxons ce dernier descendant,
Célibataire époux, ne laissa point d'enfants:
Mais il laissa des Lois, chères à sa patrie.
Le sceptre passe aux mains d'une autre dynastie.

1066. 19 *Roi. Harald II.*

Harald Deux, quelques mois, en fut l'usurpateur.

ROIS D'ANGLETERRE.

DE LA MAISON DES DUCS DE NORMANDIE.

1066. 20 *Roi. Guillaume I, dit conquérant.*

Guillaume conquérant, nouveau compétiteur,
Se disant appellé, par *Edouard*, au trône,
Arrache à son rival la vie et la couronne.

1087. 21 *Roi. Guillaume II, dit le Roux.*

Guillaume dit le Roux, comme lui dur et fier,
Affermit son pouvoir par un sceptre de fer;
A l'inconstant *Ròbert* conteste la *Neustrie*,
Et perd jeune, à la chasse, une odieuse vie.

1100. 22 *Roi. Henri I, dit Beau-Clerc.*

Le sceptre revenoit à *Robert* son aîné;
Qui le trouve envahi par Henri son puiné.
Henri premier, heureux dans la paix, dans la guerre,
Prince instruit, fait fleurir les arts en Angleterre.

1135. 23. *Roi. Etienne de Blois.*

Mathilde à la couronne avoit seule des droits.
Ses droits sont reconnus par *Etienne* de Blois,
Qui monte sur le trône, en descend, s'y replace,

Mais avec le chagrin d'en voir déchoir sa race.

1154. 24 Roi. *Henri II, Plantagenet.*

Henri Plantagenet, préféré par l'Anglais,
Etoit déjà chez eux redoutable aux Français,
Quand il soumet encor l'Irlande à l'Angleterre :
Avec *Thomas Bequet* il eut une autre guerre;
Ce prélat courageux du martyr eut le prix;
Henri deux en mourant maudit aussi ses fils.

1189. 25 Roi. *Richard I, dit Coeur de Lion* ;

Richard Coeur de Lion part pour la Palestine
Avec *Philippe Auguste* il se brouille à *Messine* ;
Sa valeur se signale en ces lointains climats,
Mais instruit que Philippe envahit ses états,
Il quitte les saints lieux, regagne la Bretagne,
Et trouve auparavant des fers en Allemagne.

1199. 26 Roi. *Jean Sans-terre.*

Mauvais fils, mauvais frère; oncle dénaturé,
Chassé par les Anglais, dont il est abhorré;
Le lâche *Jean sans-terre* au Pape prête hommage,
Et par sa grande chartre en vain pare l'orage :
En sa place on choisit *Louis huit le français*.

1216. 27 Roi. *Henri III.*

Mais avec *Jean* s'éteint la haine des Anglais
Ils remettent son fils *Henri trois* sur le trône,
Roi foible, qui n'eut pu soutenir la couronne,

Sans le bras de son fils jeune et vaillant guerrier,
Qui des fers délivra son père prisonnier.

1272. 28 Roi. *Edouard I (IV) dit aux longues jambes.*

Dès qu'*Edouard premier* de l'état tient les rênes,
Ses armes aux Gaulois vont imposer des chaînes:
Jean Baillol qu'il préfère à *de Brus*, son rival,
Est sacré Roi d'Ecosse, et devient son vassal,
Thémis avec Bellone ajoutent à son lustre,
De Justinien Anglois il eut le titre illustre.

1307. 29 Roi. *Edouard II (V) surnommé de Caernarvon.*

Le lâche *Edouard deux*, Jouet des favoris.
Est contraint de céder la couronne à son fils.

1327. 30 Roi. *Edouard III (VI)*

Le nom d'*Edouard trois*, fameux dans nos annales
Fut immortalisé par le Prince de *Galles*,
Nommé le Prince Noir, la terreur des Français.
Le combat de *Créci*, le siège de *Calais*,
La prise du Roi *Jean* vaincu par sa vaillance,
Couvrirent d'un long deuil les plaines de la France
Toujours victorieux en Castille, son bras
A *Pierre le cruel* reconquit ses états.
Edouard par un trait de son humeur altière,
Fonde l'ordre fameux dit de la *Jarretière*,

1377. 31 Roi. *Richard II.*

L'indolent *Richard deux*, pour régner, n'est pas né,
Deux fois du trône il tombe, et meurt assassiné ;
Jeune il sembloit promettre un prince ferme et sage ;
D'un grand soulévement il conjure l'orage ;
Avec l'âge il devient timide, irrésolu,
Lancastre son cousin à sa place est élu.
Fatale élection ! cause de grand désastre,
Des rivales maisons d'*Yorck* et de *Lancastre*
Dont la querelle a fait, sous sept Rois différents,
Du plus pur sang Anglais repandre des torrents.
De *Lancastre* ou d'*Yorck* on distingue la branche
Par les noms si fameux de Rose rouge ou blanche.

1390. 32 Roi. *Henri IV.*

Prince rudent et sage, autant qu'ambitieux
Henri *vatre* d'abord eut un règne orageux,
Mais le gain d'un combat affermit sa puissance.

1413. 33 Roi. *Henri V.*

Henri cinq dirigea ses coups contre la France.
Sous le Roi *Charles six*, en proie aux factions
Des cruels *Armagnacs*, des traitres *Bourguignons*,
La France à l'étranger ne pouvant tenir tête
Alloit du fier Anglais devenir la conquête ;
Par un traité honteux, à *Troye* il fut conclu
Qu'au mépris du *Dauphin*, *Henri* seroit élu.

1421. 34 *Roi. Henri VI.*

Son fils, qui lui succède, en la plus tendre enfance,
Henri six, à Paris est sacré Roi de France.
Bedfort et Glocester, ses oncles et tuteurs,
Suspendent quelque tems le cours de ses malheurs.
Jeanne d'arc des français relevoit le courage;
L'Anglais par tout battu regagnoit le rivage.
Déchirée à son tour par des dissensions,
Cette îsle ouvre un Théatre aux Révolutions.
La Reine Marguerite, intrépide amazone,
Envain remet deux fois son époux sur le trône.
Le triste *Henri six*, par *Yorck* détroné,
Jetté dans un cachot, périt assassiné.

ROIS D'ANGLETERRE

DE LA MAISON *D'YORCK*.

1461. 35 *Roi. Edouard IV (VII).*

Par le fameux Warvick, soutenu dans ses guerres,
Edouard quatre obtint le trône de ses pères;
Mais ce prince inconstant, voluptueux, cruel,
S'étant fait de Warvick un ennemi mortel,
Par ce grand général joint avec *Marguerite*,
Est contraint de chercher son salut dans la fuite;
Il abdique le trône, erre dans le Brabant,
Revient, bat son rival, remonte au premier rang,
Met *Marguerite* aux fers, il fait périr sa race,
Et son frère, accusé d'aspirer à sa place.
Enfin le Roi vainqueur de tous ses ennemis,
Transmet heureusement la couronne à son fils.

1483. 36 *Roi. Edouard V. (VIII).*

A peine *Edouard cinq* survit-il à son père,
Sous les coups de son oncle il tombe avec son frère.

1483. 37 *Roi. Richard III dit le bossu.*

Richard de *Glocester*, cet oncle ambitieux,
Aussi cruel époux que Monarque odieux,
N'aggrave pas long-tems son joug sur l'Angleterre.

1485. 38 *Roi. Henri VII.*

Henri sept dit Tudor en délivre la terre.
Ce Prince, qui d'abord règne par ses exploits,
De Lancastre et d'Yorck ensuite y joint les droits,
En vain deux imposteurs lui disputent le trône.
Sa politique habile affermit sa couronne;
Son équité sévère et son goût pour la paix
Le firent surnommer le *Salomon* Anglais,
Mais la soif de l'argent a terni sa mémoire.

1509. 39 *Roi. Henri VIII.*

Henri huit lui succède et commence avec gloire,
Son favori *Wolsey*, ministre et Cardinal,
Par le faste et l' orgueil, des rois est le rival.
Henri par mille traits marque son inconstance;
Il se joint à l'Espagne, il se joint à la France;
Tantôt, pour convertir, a recours aux Bourreaux,
Tantôt il fait mourir *Morus* sur l'échafaud.
De six femmes que prend ce roi, que rien n'arrête,
A deux sur l'échafaud il fait trancher la tête.
Ce Prince avoit écrit pour réfuter *Luther*;
Mais voulant divorcer, par l'avis de Crammer,
Il chasse abbés, reclus, avec Rome il fait schisme;
Tout tremble, tout fléchit devant son despotisme.
Irascible, implacable, inconstant et jaloux.
Henri fut Roi barbare et plus barbare époux.

1547. 40 *Roi. Edouard VI (IX)*

Edouard six son fils, doux, studieux et sage

Est frappé par la mort à la fleur de son âge.
Le Régent *Sommerset*, son oncle et son tuteur,
Pour le culte Romain l'avoit rempli d'horreur;
Thomas Seymour son frère, enviant la régence,
Cabale, obtient sa grace, et bientôt recommence:
Son procès est instruit, il est puni de mort;
Sommerset à son tour, subit le même sort;
Son adroit concurrent *Dudley* qui le remplace,
Veut sur le trône Anglais faire monter sa race.

1553. 41 *Roi*. *Jeanne Gray*.

Il obtient que son fils règne avec *Jeanne Gray*;
L'ambition conduit à l'échafaud *Dudley*.

1553. 42 *Roi*. *Marie, reine d'Angleterre*.

Fille de *Henri huit*, la princesse *Marie*
Ote à *Gray* son cousin, et le sceptre et la vie.
Marie en commençant gouverne avec douceur,
Bientôt la cruauté s'écappe de son coeur.
Du fils de *Charles quint* l'épouse sanguinaire
A Rome de nouveau rend l'Anglais tributaire,
Allume des buchers, dépérit de langueur,
Et transmet à regret la couronne à sa soeur.

1558. 43 *Roi*. *Elisabeth*.

La reine *Elisabeth* se conduit en grand homme;
Mais bientôt elle rompt avec la cour de Rome.
L'Espagne de sa flotte en vain couvre les eaux,
Elisabeth poursuit ses soldats, ses vaisseaux.

Son nom iroit sans tâche au temple de mémoire,
Si la mort de *Stuart* n'avoit terni sa gloire.
Femme tendre et superbe, elle aima; mais ses feux,
Craignirent de l'Hymen et l'empire et les noeuds.
De son sceptre héritier, sans troubles et sans guerre,
Le roi d'*Ecosse* monte au trône d'Angleterre,
Et de ces deux états, pour fonder l'union,
De la *grande Bretagne* il leur donna le nom.

1603, 44 *Roi. Jacques I, Roi d'Angleterre et d'Ecosse.*

Jacques Stuart premier, voit ses jours pacifiques,
Troublés par les complots des Anglais fanatiques.
Des poudres s'ourdissoit le complot infernal,
Il en évente à tems le funeste signal:
Au parlement, au Roi, par une mine horrible;
Les poudres préparoient la fin la plus terrible;
Jacques dispute, écrit sur la Religion;
Sous son règne ont fleuri *Shakespear et Bacon*.

1625. 45 *Roi. Charles I*

Charles premier, son fils, moins heureux ou moins sage,
Ne sçut pas conjurer un effroyable orage,
Qu'allument contre lui les zélés puritains,
Ennemis du Saint Siège, ardents républicains.
C'est en vain qu'il secourt les protestans en France.
La reine est Catholique, elle a sa confiance.
Buckingham malheureux dans l'expédition,
Par son luxe soulève encor la nation;
Le peuple Anglais soupire après la république;
Sur la scène paroît un profond politique,

Hypocrite, éloquent, intrépide aux combats,
Craint des grands et du peuple, adoré des Soldats;
C'est le fameux *Cromwel* : il parle, et l'Angleterre,
Vole, sous ses drapeaux, à Charles fait la guerre.
Abandonné de tous, conduit à l'échafaud,
Ce trop malheureux Roi tend la tête au bourreau.
Charles chérit les arts; mais sa parcimonie
Ne fut pas favorable aux talens, au génie.
L'ami de *Shakespear*, l'illustre *Ben Johnson*
Devenu tout-à-coup poète de maçon,
Eut-il dû voir ses jours finir dans l' indigence ? . . .
Esprit subtil et fier, né pour l'indépendance,
L'Homère Anglois, *Milton*, ce poète immortel
Contre *Charles premier* écrivit pour *Cromwel*.

1649. INTERRÈGNE

1653. *Olivier Cromwel, Protecteur.*

Dans ses mains retenant la puissance Suprême,
Cromwel ne ceignit point son front d'un diadême.
Despote, il est content du nom de *protecteur*;
Les Rois font alliance avec l'usurpateur.
Il auroit obtenu la couronne civique,
S'il eut dans son pays fondé la république :
Tyran sombre et cruel, il trompa cet espoir.

1658. *Richard Cromwel, son fils, Protecteur.*

Richard n'a pas long tems son titre et son pouvoir,

De *Cromwel* il n'a pas le génie et l'audace :
Au fils du dernier Roi, sans combattre, il fait place.

1660. 46 *Roi. Charles II, Roi d'Angleterre.*

Charles second, par *Monck* mis sur le trône Anglais,
Déclare injustement la guerre aux Hollandais ;
Pour payer ses plaisirs rend *Dunkerque* à la France,
Et des cultes divers vit dans l' indifférence :
Il fit périr *Sidney* trop fameux écrivain,
Citoyen courageux, et fier républicain.
Loin des maux, qui troubloient l' Europe et son pays,
Un Anglais fondateur d'une ville d'amis,
Guillaume Penn alloit, dans la Pensilvanie,
Des sots *Quakers* fonder l'heureuse Colonie.
Sous *Charles deux*, sont nés ces deux fameux partis,
Si connus, sous le nom de *Whigs* et de *Torys*.
Répandus à la ville, à la cour, en province,
L' un étoit pour le peuple, et l'autre pour le prince.

1685. 47 *Roi. Jacques II.*

Charles meurt sans enfans ; présomptif héritier,
Son frère *Jacques deux* se montre trop altier.
De *Monmouth* son neveu, de ses nombreux complices,
Le prompt soulèvement, suivi de leurs supplices,
Ne porta pas un coup à son autorité,
Quoique du peuple Anglais *Monmouth* fut regrété.
Mais, en naissant, imbu du culte catholique,
Jacques montra peut être un zèle impolitique.
Le protestant tremblant pour sa religion,
Anglicans, Puritains soulèvent Albion.

Jacques fléchit ; enfin on offre le Royaume
A l'époux de sa fille, au *Stathouder* Guillaume,
Du culte apostolique ennemi déclaré,
Et chez les Hollandois tout puissant, adoré ;
Ce gendre avec sa flotte arrive en Angleterre.
Jacques désespérant du succès de la guerre
Passe en France, y mendie une protection,
Qui lutte en vain pour lui contre la nation.

1639. 48 *Roi. Guillaume III.*

Guillaume trois succède au rang de son beau frère ;
Mais il n'y trouve pas le bonheur qu'il espère.
Sur le trône glissant il est à peine assis
Qu'il se voit accablé d'entraves, de soucis :
Ce prince signala sa haine pour la France :
C'est lui qui fut l'auteur de la triple alliance.
Alors parut *Newton* ; cet illustre écrivain,
De *Locke* et d'*Addisson* étoit contemporain.

1701. 49 *Roi. Jacques III, le Prétendant légitime.*

Jacques trois, de ce thrône héritier légitime,
Des intrigues de cour fut l' injuste victime.
Par ses loyaux sujets l'auguste Prétendant
Vit ses droits reconnus, et par Louis le Grand.
Son fils *Charle Edouard*, aidé par les Français,
En Ecosse d'abord eut les plus grands succès ;
Le sort à Culloden trompe son espérance,
Après mille dangers, Edouard vient en France ;
Il est bientôt forcé d'en sortir par la paix,
Que la France épuisée accepta des Anglais.

1702. 50 *Roi*. *La Reine Anne*, *sa sœur*.

Par les Anglais, placée au rang des Grandes Reines,
De la Grande Bretagne *Anne* tenoit les rênes.
Privé du nom de Roi, dont il fût peu jaloux,
Georges de Dannemarck n'étoit que son époux.
Loin de son sol natal, une terre étrangère,
La France, vit mourir Jacques second, son père :
Un frère lui restoit, Jacques le prétendant,
Qui fut toujours proscrit, et fût toujours errant.
Anne des alliés le soutien et la gloire
Par le fameux Marlborough, tient un rang dans l'histoire ;
Soit qu'il fut général, ou négociateur,
Ce Marlborough des François fut toujours la terreur.
Sa femme de la Reine eut longtemps la tendresse,
Mais, trop loin, du bonheur elle porta l'ivresse ;
Dans sa chûte rapide elle entraîna les Wighs
Qui firent, à leur tour, place à leurs ennemis.
Les Torrys de la Reine eurent la confiance,
Et firent accorder une trève à la France,
Utrecht vit, à l'Europe, *Anne* donner la paix ;
Mais *Anne* pour son frère en vain fit des souhaits,
La maison de Navarre au trône est appellèe,
Et celle des Stuarts pour jamais exilée.

ROIS D'ANGLETERRE

DE LA MAISON D'HANÔVRE.

1714. 51 *Roi. Georges premier D'Hanôvre.*

Georges Brunsvick premier, apporte en Albion
D'un prince consommé la réputation.
Jacques le prétendant publie un manifeste ;
Mais son parti défaît éprouve un sort funeste.
Georges pour ses sujets se montre généreux,
Et respecte du moins les princes malheureux.
Politique éclairé, sage, profond, habile,
Et plus jaloux d'un thrône et durable et tranquile ;
Il voulût, mais trop tard, s'élever, dans les coeurs.
Un thrône, conservé par d'utiles faveurs.

1727. 52 *Roi. Georges deux, son fils.*

Georges Deux fait doter sa nombreuse famille,
Et signe, pour la paix, le traité de Séville.
La Tamise bientôt, cette Reine des eaux,
Voit, dans ses ports nombreux, d'innombrables vaisseaux
L'enrichir tour-à-tour, sur ses rives fécondes,
Et porter, à l'envi, les tributs des deux mondes.
Mais ce Roi, trop jaloux de son autorité,
Méconnoissant les loix d'une sage équité,
Et peu sensible aux droits de la clémence auguste,
Se livre aux mouvemens d'une vengeance injuste.

Vainqueur des Ecossais, il les livre aux bourreaux,
Et du sang de leurs Chefs couvre les échaffauds,
Tandisque de *Louis* la Clémence admirable
Pardonne aux ennemis, les admet à sa table.
Heureux, si, pacifique et plein de bonne foy,
Il n'eut semé partout et la Guerre et l'effroi.

1760. 53 *Roi. Georges, son petit fils.*

Aux Enfans d'Albion, Colons de l'Amérique
Georges trois fait passer le sceptre britannique.
Francklin et Wasingthon, vengeurs de leurs pays,
Arrachent à son joug les treize Etats unis:
Après bien des combats, où lutte l'impuissance,
Georges trois reconnoit leur libre indépendance.
Sous un Règne, aussi long qu'il étoit glorieux,
Il rendit sa famille et ses peuples heureux;
De ministres choisis il entoura son thrône,
Et sçût faire partout respecter sa couronne.

ELÉMENS
DE GÉOGRAPHIE,

A' L'USAGE

DU PENSIONNAT DES DAMES APOSTOLINES

DE LA MAISON ROYALE

DE S. DENIS,

A ROME.

IDÉE GÉNÉRALE
DE LA
GÉOGRAPHIE.

INTRODUCTION.

O vous, dont le génie aime et cherche à s'étendre,
Laissez-là vos hochets, Enfans, venez m'entendre,
Et promener vos yeux sur mes simples écrits;
Plein du désir d'instruire et d'orner vos esprits,
Je vais chanter la terre et ses vastes contrées;
Par les bras de Thétis à jamais séparées;
Les isles de la mer, les plus belles cités,
Les ports, par le commerce en tout tems fréquentés,
Et ces superbes monts, dont les croupes altières,
Recueillant l'eau du ciel, la versent en rivières,
Et ces peuples nombreux, qui vivent loin de nous:
Trop heureux, si l'essaim des ennuis, des dégoûts,
Que souvent, chers amis, l'étude vous inspire,
S'enfuit et disparoît aux accens de ma lyre....!
Et toi, que des premiers, dans son brillant lointain,
L'Antiquité nous montre une sphère à la main,
Architas, c'est de toi que ma muse timide,
Dans sa pénible route, ose attendre son guide;
Viens, ouvrant, sous mes yeux, ton immortel compas,
Echauffer mon courage et diriger mes pas.

DE LA TERRE.

Le globe de la Terre en quatre se partage.
L'Asie, où Dieu lui-même achevant son ouvrage,
A placé le berceau du genre humain naissant;
Là le sexe gémit sous les loix *du Croissant*;
Le Chinois, orgueilleux d'une origine antique,
Nous vend, au poids de l'or, le vernis qu'il fabrique;
Le bramine à ses pieds voit tomber *les Indous*,
Et *l'Arabe* brûlant les parfums les plus doux,
Du fourbe Mahomet fête encor la naissance:
Là *le Persan*, trompé par Ali qu'il encense,
Nous prépare la soie à l'ombre des muriers,
Et le *Tartare* y boit le sang de ses coursiers.

L'Afrique. En proie aux feux de la Zône torride;
Hercule y dévasta le jardin hespéride.
Dix vastes régions partagent ses climats:
L'Egypte, où Cléopâtre étaloit ses appas;
Les *déserts de Zara*, d'où l'eau paroit bannie:
Les rivages peuplés qu'offre *la Barbarie*;
La Guinée à son or préférant nos métaux;
La vaste *Abissinie* et ses nombreux troupeaux;
L'affreuse *Nigritie*, où par un droit infâme,
L'homme vend, sans rougir, ses enfans et sa femme;
La fertile *Nubie* et les sables brûlans
Où végètent, sanssoins, les *Cafres* indolens.
Le *Congo*, que gouverne un prince catholique,

Et les marais mal-sains qu'on nomme *Mozambique* :

L'Europe. Dans son sein, la raison et les arts,
Contre la barbarie ont trouvé des remparts.
Quinze peuples nombreux cultivent ses campagnes :
Le Suédois, paisible au centre des montagnes,
Le Danois, regrettant la Norwège et ses Bois,
Le Russe, dont l'Asie observe aussi les lois,
Le Français, peuple franc, ennemi des intrigues,
Le Hollandais, tranquille à l'abri de ses digues,
L'Allemand, plus courtois, et doué d'un coeur bon,
Le Suisse, recueillant les fruits de l'union,
Le Polonois, si fier de n'être plus esclave,
L'intrépide *Hongrois*, trop voisin du Moldave,
Et soignant daus ses prés de superbes haras,
Le Prussien guerrier, dont, par d'heureux combats,
Fredéric embellit le simple diadême,
L'habitant fortuné des Monts de la *Bohême*,
L'Espagnol courageux, le hardi *Portugais*,
Dont Neptune souvent renversa les Palais,
L'Italien dévot, et l'*Ottoman* barbare,
Dormant, sous ce beau ciel, qui vit naître Pindare,
Et foulant, sans respect, sous ses pieds indolents,
L'heureux sol de la Grèce, où germoient les talents.

L'Amérique. De mers cette terre entourée
Des avides mortels fut long-temps ignorée.
Conduit par le hasard, l'intrépide Colomb,
Le premier, découvrit ce continent fécond,
Qu'un isthme, à Panama, divise en deux parties ;
Diverses nations de l'Europe sorties,

Y cultivent, au nord, sept vastes régions.
L'Espagnol ne voit plus, dans ses possessions,
La *floride* soumise à ses loix Monarchiques,
Charge, sur ses vaisseaux, tout l'or *des deux Mexiques*,
Là, sur le *Labrador*, articulant ses droits,
Dans ses champs fortunés, on voit régner l'Anglois ;
Maître du *Canada*, ce peuple y pleure encore
La perte d'un pays, où Francklin, qui l'honore,
Créa l'indépendance et conserva la paix :
Tous les *Etats-unis* sont libres pour jamais ;
Mais une vie errante, à l'ignorance unie,
Nous ferme les déserts de la *Californie*.

S'étendant au midi, l'Amérique, en son sein.
De huit peuples divers, renferme un autre essaim.
Terre-ferme enrichit le sceptre de l'Espagne,
L'or, qu'un vil intérêt, en tous lieux, accompagne,
Fit détruire, au *Pérou*. le culte des Incas,
Dont le fier Castillan possède les états.
L'Espagne règne encore *au pays de Caciques*,
Ainsi qu'au *Paraguay*, près de ces républiques,
Qui dûrent leur bonheur aux fils de Loyola.
Le Brésil, que de biens le créateur combla,
Les envoie, en tribut, à la Lusitanie :
A l'empire des *Lys*, heureuse d'être unie,
La Guyanne, en son sein, voit s'établir la foi.
L'énorme Patagon, qui porte au loin l'effroi,
Habite et règne, en maître, aux bords *Magellaniques*,
En asservissant tout à ses loix despotiques ;
De *l'Amazone* enfin, le fleuve si vanté,
Voit encor, sur sa rive, errer la liberté.

DES ISLES.

Malgré tous ses dangers la mer n'est point déserte,
Et d'isles en grand nombre Amphitrite est couverte.

ISLES D'EUROPE.

L'Europe nous en offre avec profusion :
Ici c'est *l'Angleterre*, ou la fière *Albion*,
Que bordent au couchant les rives de *l'Irlande*.
En approchant du Nord je visite *l'Islande*,
Qui dans ses prés féconds entretient un volcan.
Si pour la mer Baltique on quitte l'Océan,
Oëland qu'on y voit, reconnoit la Suède.
Mais *l'isle de Minos* que le Sultan possède
Et *Majorque* et *Minorque*, où le canon françois,
Par l'ordre de Louis, gronda plus d'une fois;
La Sicile, où l'Etna se répand en fumée;
Pour son riche corail *la Corse* renommée,
Et *Malthe* et *la Sardaigne*, et les rochers nombreux
Qu'enferme *l'Archipel* en son sein orageux;
Ces terres dont l' enceinte est de villes ornée,
Pour ceinture ont reçu la Méditerranée.

ISLES D'ASIE.

Aux rivages d'Asie, où mugit cette mer,

Rhodes dont la conquête aux Turcs coûta si cher,
Et *Chypres* que Vénus choisissoit pour asyle,
Nourrissent du Sultan le sujet trop docile.
Mais que d'isles encor dans les flots indiens!
Ceylan, où *Xavier* forma tant de chrétiens.
Bornéo, *Sumatra*, les fertiles *Maldives*,
Java dont le benjoin a parfumé les rives;
Formose de la Chine arborant le dragon;
Les *Moluques* enfin, et l'île de *Niphon*
Où, toujours défiant, le Japonois barbare
Ordonne aux étrangers une épreuve bisarre.

ISLES D'AFRIQUE.

Intrépides nochers, à qui l'amour du gain
Fit braver tant de fois l'océan Africain,
Sans doute *du Cap-Verd* les agréables *isles*
Souvent à vos vaisseaux ont ouvert des asyles;
Sortant de *Canarie*, au naufrage échappés,
Saint-Thomas vous reçut sous ses rocs escarpés.
Vous avez pris le frais dans ces forêts d'ébène
Qui semblent couronner les monts *de Sainte-Hélène*.
Vous avez vu *Madère*, et goûté son nectar;
Et transportés enfin jusqu'à *Madagascar*,
Vous avez rencontré *Maurice* et *Mascareigne*
Deux isles qui des lys ont arboré l'enseigne.

ISLES D'AMÉRIQUE.

Tournant à l'occident le bec de vos vaisseaux.
Des mers de l'Amérique atteignez vous les eaux

Vos insectes gênans vous quittent aux *Açores*,
Où *Tercère* paroît chargé de madrepores.
Sur ses bancs sabloneux, une ligne à la main,
Terre-Neuve vous voit entasser, par essaim,
Un poisson que le sel conserve pour nos tables.
Les *Antilles* bientôt vous semblent innombrables,
Quand passant de *Cuba* qu'à soumis l'Arragon,
A *Saint-Domingue* orné des armes de Bourbon,
Vous avez au midi laissé *la Jamaïque*,
Et que vous avançant jusqu'à *la Martinique*,
Vous côtoyez *Saba*, *Saint-Jean*, *Portorico*,
Saint-Martin, *Sainte-Croix*, *Tortola*, *Tabago*,
La *Guadeloupe* enfin, la fertile *Barbade*,
Et les forts que d'Estaing surprit *à la Grenade*.

DE LA MER.

Muses, qui pouroit dire en vers majestueux,
Les noms que prend la mer dans ces différens lieux?
Si nous considérons l'ancien hémisphère,
Vers le nord, où la neige offusque ma paupière,
De *la mer Glaciale* on voit blanchir les flots;
Au couchant sur les bords des sales Hottentots,
J'entends mugir au loin l'*Océan Atlantique*;
Le midi vient m'offrir la *mer Ethiopique*.
L'Océan Indien s'étend à l'Orient.
Suivons-nous le contour du nouveau continent?
La *mer du Nord* le ceint du côté de l'aurore;
Et *la mer Pacifique*, en ses flots qu'il colore,
Reçoit le Dieu du jour, quand il va chez Thétis.

Ces noms changent encor en changeant de pays :
Vers ces lieux où l'Europe approche de Borée,
Des mers *Blanche et Baltique* elle est comme entourée ;
La *Méditerranée*, au milieu de son sein,
Entre dans *l'Archipel* et près du *Pont-Euxin*
Du nom de *Marmara* charge la Propontide,
Et de celui *d'Azoph* le Palus-Méotide.
La *mer Rouge*, où périt l'aveugle Egyptien
S'étend jusqu'aux cantons du noir Ethiopien :
La *mer Caspienne* enfin seule au milieu des terres
Ne portant point ailleurs ses ondes tributaires
Arrose des Persans les rivages féconds.
La mer en Amérique offre aussi d'autres noms ;
Ici je vois d'*Hudson* la baye impraticable ;
Plus bas de *Saint Laurent* le golfe navigable.
Et celui du Mexique aux commerçans ouvert,
Enfin *la Mer-Vermeille* arrosant un désert.

DES LACS.

Il est aussi des Lacs, dont l'urne, au sein des terres,
Reçoit et porte au loin le tribut des rivières.
Le Russe se promène aux bords de *l'Onéga*,
Et tire le saumon des flots du *Ladoga*,
Le *Léman* à Genève offre ses beaux rivages,
Un grand *Lac de Constance*, arrose les parages,
Le Milanois folâtre auprès du *Lac Majeur*
L'Illinois boit les eaux du *Lac Supérieur* ;
Près de *l'Ontario*, l'Iroquois sanguinaire
Br[illegible]e, en chantant, les os du soldat pris en guerre ;

Enfin de toutes parts des Etangs répandus
Nourrissent dans leurs flots mille poissons connus.

DES FLEUVES ET RIVIÈRES.

Vous, qui d'un pied léger descendant des montagnes
Coulez paisiblement dans nos vastes campagnes,
Où vous portez la joie et la fécondité;
Vous, que Rome honoroit d'un culte si vanté,
Naïades, qui penchez l'urne de nos rivières,
Quittez, pour un instant, vos sources nourricières,
Et dictez-moi les noms de ces fleuves fameux,
Qui sillonnent la terre en leurs cours tortueux.

FLEUVES D'AFRIQUE.

Le Nil, dès qu'*Anubis* sur l'horison s'élance,
Couvrant l'Egypte entière y porte l'abondance;
Dans son lit, tantôt vaste et tantôt resserré,
Cachant le crocodile autrefois adoré,
Par sept bouches, ce fleuve, auprès d'Alexandrie,
Pousse au loin, dans la mer, ses ondes en furie.
Coulant dans les deserts *le Niger* peu connu,
Le Sénégal souvent avec lui confondu,
Le Zaïre bravant les ardeurs du Tropique
Rafraîchissent aussi les sables de l'Afrique.

FLEUVES D'ASIE.

Beaux fleuves de l'Asie, ô vous, dont la fraîcheur
Charma l'homme sortant des mains du Créateur ;
J'apperçois les palmiers, qui bordent vos rivages :
Constans dans votre cours, vous avez vu les âges
Se suivre, se presser, se perdre dans l'oubli.
Le Tigre, qui couloit dans ce verger chéri,
Où du premier mortel la faute fut punie,
Le Tigre arrose encor les vallons d'Arménie.
Le Phase, dont les bords, saupoudrés de frimats,
Nourrissent par essaims ces oiseaux délicats,
Dont l'or et le cinnabre enrichissent la plume ;
Le Phase à la mer Noire arrive plein d'écume.
Par ses jardins fameux suspendus dans les airs,
La riche Babylone étonnoit l'univers.
Le démon des combats dévasta ses provinces ;
Le pauvre Musulman a remplacé ces princes,
Qui buvoient, pleins d'orgueil, dans l'opale et dans l'or.
Babylone a passé, *l'Euphrate* coule encor.
Et toi, qui suspendant tes ondes dans leur course,
A l'aspect des Hébreux, remonta vers ta source,
Jourdain, tes bords, hélàs! par les Turcs asservis,
Demeurent oubliés sous les pas des Dervis.
Les thyrses à la main, sur les rives *du Gange*,
La fable me montra le Dieu de la vendange ;
Dans les eaux de ce fleuve aujourd'hui les *Indous*
Se livrent en mourant à l'espoir le plus doux.
L'Inde, qui du Mogol avoisine l'empire,
Voit couler sur ses bords et l'encens et la myrrhe ;

Le Kiang azuré, *le Hoang* aux flots blonds,
De la Chine tous deux fécondent les cantons;
Et *le Géniscéa*, dans ses détours bisarres,
Arrose avec *l'Oby*, le pays des Tartares.

FLEUVES D'AMÉRIQUE.

Parcourez en esprit le nouveau continent;
Là, vous verrez au nord le *fleuve Saint-Laurent*
Qui traverse un grand lac sans rallentir sa course,
Et dont le géographe ignore encor la source.
Là *le Mississipi* couronné de roseaux
Epanche avec fracas ses mugissantes eaux.
Au midi j'apperçois *la Plata*, *l'Orénoque*;
(Muses, pardonnez-moi cette liste baroque)
Et le fleuve imposant qui, dit-on, sur ces bords,
Vit la fière *Amazone* arrêter les efforts
Des sauvages ligués contre un sexe fragile;
L'Amazone n'est plus; mais son fleuve tranquille,
Abreuvant dans son cours mille peuples divers,
Est le plus étendu que m'offre l'univers.

FLEUVES D'EUROPE.

Et vous, dont, en tout lieu, le paisible murmure
Annonce les bienfaits que votre onde procure,
Fleuves, qui de l'Europe habitez les vallons,
Elevez votre voix; et, du milieu des joncs,
Dont l'aimable fraicheur auprès de vous m'attire,
Désignez-moi les noms que doit chanter ma lyre.

La Torne, du Suédois traversant les cités,
Voit souvent sur ses bords les glaçons arrêtés.
Les pilotes anglois jusqu'à Londres surprise,
Font cingler les vaisseaux que reçoit *la Tamise*.
Le *Don*, qu'on a privé du nom de Tanaïs,
Du brave Moscovite arrose le pays.
Sous les murs d'*Astracan*, *le Wolga*, qui l'inonde,
Coule à la mer Caspienne et lui porte son onde.
L'Escaut fumant encor des foudres de Louis;
Le Rhin qui sur ses bords vit fuir nos ennemis;
Le Meuse qui se gonfle et croit dans les ténèbres,
Baignent des Pays-Bas les provinces célèbres.
L'Oder qui vit périr, dans ses flots inhumains,
Un Prince dont Francfort pleure encor les destins;
L'Elbe au mont des géants nous indiquant sa source,
Le Danube profond et rapide en sa course,
Chez les Germains, tous trois de leurs flots argentés
Fécondent la campagne et baignent les cités.
Le Nieper jadis appellé Boristhène
Conduit au Pont-Euxin sa nayade lointaine.
Quittant du Prussien les modiques états,
La Vistule à la mer semble tendre les bras.

Quatre fleuves des Lys se partagent l'empire.
Le *Rhône*, que de loin Lyon entend bruire,
Poursuit, en écumant, son cours impétueux.
La Seine, en admirant les palais somptueux,
Dont nos Rois à Paris ont décoré ses rives,
S'efforce d'y fixer ses nymphes fugitives.
Et toi, dont pour jamais le rivage enchanté
Exila loin de lui l'aimable vérité,
Beau fleuve des gascons, noble et vaste *Gironde*,

L'Océan s'enrichit du tribut de ton onde.
Telle qu'un clair ruisseau, qui coulant sur les fleurs,
Sur son cristal mouvant répète leurs couleurs.
Dans ces jardins charmans, qu'on nomme la Touraine,
D'un pas majestueux *la Loire* se promène;
Et réfléchit, au loin, sur les flots étonnés,
Les Sites verdoyans dont ses bords sont ornés.

Le Pô que j'apperçois, près des murs de Ferrare,
Aux champs Vénitiens et serpente et s'égare,
Le Tage, dans ses eaux, roulant un sable d'or,
Réjouit l'Espagnol qu'il enrichit encor.
Coulant sous les remparts de la Reine du Monde.
Le Tibre vit souvent, sur sa rive profonde,
Combattre, triompher les enfans du dieu Mars;
Puis il vit la mollesse énerver les Césars,
Et la Thiare enfin s'unir au diadême;
Rome a changé, le Tibre est encore le même.

DES MONTAGNES.

Mais vous, qui donnez l'être à ces fleuves nombreux,
Et qui portant au ciel votre front sourcilleux,
Paroissez au dehors couronnés de verdure,
Tandis qu'en votre sein l'opulente nature
Elabore en secret ces précieux métaux,
Qui passant dans nos mains nous causent tant de maux;
Superbes Monts, mes vers sont-ils assez sublimes,
Pour atteindre jamais la hauteur de vos cimes;

Pour célébrer vos noms et dire noblement
De quels pays divers vous faites l'ornement?
C'étoit sur l'un de vous que le Dieu de la lyre
Des Muses autrefois excitoit le délire......
Hélas! du Dieu des vers oubliant jusqu'au nom,
Sur son double sommet, aujourd'hui l'Hélicon
Rougit de voir régner l'ignorance *Ottomane*.
Gémissant sous les pas du turc qui le profane.
L'Olympe lève encor sa tête vers les cieux,
Mais l'Olympe n'est plus la demeure des Dieux.

Suivons donc, sur ce plan que ma main développe,
Ces immenses côteaux qui partagent l'Europe.

MONTAGNES D'EUROPE.

Dans ces pays glacés, vers ces tristes climats.
Où Borée, à main pleine, épanche les frimats,
Les Ophines, courbant sous des monceaux de neige,
Par leur chaîne à la Suède unissent la Norwège.
Au pied des monts *Crapacks* le noble Polonois
A ses vassaux tremblans fait respecter ses droits;
Les Alpes, où jadis un héros de Carthage
A travers les rochers se frayoit un passage,
Offrants à leur sommet la rigueur des hivers,
Comme un vaste rideau s'élèvent dans les airs;
Et posent au midi des bornes à la France.
Jusqu'aux bords du Léman *le Jura* qui s'avance,
Par ses rocs escarpés, aux Suisses montagnards,
Contre le Franc-Comtois, assure des remparts!
Mais j'apperçois de loin, superbes Pyrénées,

Vos croupes, en tout tems, de pampres couronnées,
Votre front surmonté de neige et de glaçons,
Et vos pieds où jaunit l'or des riches moissons.
Là, j'entends murmurer les ondes des Naïades,
Qui, du haut des rochers formant mille cascades,
Donnent bientôt naissance à des fleuves nombreux!
A l'empire des lys ces monts ambitieux
Se vantent de fermer les portes de l'Espagne.

Et toi, qui, des Romains partages la campagne,
Tu m'offres sur tes flancs d'agréables cités,
Qu' ombragent à l'entour des bosquets enchantés.
Horace, qui buvoit sous leurs feuillages sombres,
Horace, avec sa lyre est allé chez les ombres.
Mais toi, vaste *Apennin*, bravant la faulx du Tems
Tu défends à jamais de la fureur des vents,
Ces champs aimés des cieux, ces heureuses contrées,
Où du monde chrétien les clefs sont révérées.

N'aurez-vous point aussi votre place en mes vers,
Volcans, qui jusqu'au centre ébranlez l'univers
Par les coups répétés des foudres souterraines,
Et qui lançant les feux dont vos grottes sont pleines,
Vomissez à la fois et des rochers fumans,
Et la cendre et le souffre et des flots écumans.
Le Vésuve mugit près de Naples tremblante;
L'Etna dans la Sicile entretient l'épouvante,
Et *l'Hécla*, dans l'islande, au milieu des glaçons,
Exhale la fumée en de noirs tourbillons.

MONTAGNES D'AFRIQUE.

Semblable à ce géant dont la tête chenue,
Trompant l'oeil des mortels, se perdoit dans la nue,
Reste d'un roi fameux dont il porte le nom,
Et couvrant en Afrique un immense horison,
*L'Atlas** borde au midi la côte barbaresque,
Et conservant toujours sa forme gigantesque
Semble encor sur son front porter le firmament.

Vers ces lieux, où le Nil, par maint déguisement,
Lasse des curieux la recherche importune,
Je jette mes regards sur les *Monts de la Lune*,
Et du haut des rochers, où s'arrêtent mes pas,
Des princes Abyssins j'apperçois les états.

O que ne puis-je au frein soumettre l'Hypogriphe!......
On me verroit voler au *Pic de Ténériffe*,
Ce mont, dont le Nocher, égaré sur les mers,
Voit le sommet aigu se cacher dans les airs;
Ce mont, qui s'élevant au-dessus des nuages,
Laisse, autour de ses flancs, circuler les orages,
Et dont le front désert, de rocs environné,
D'une neige éclatante est toujours couronné;

MONTS DE L'AMÉRIQUE.

Comme l'oiseau sacré qui porte le Tonnerre,
Et d'une aîle rapide abandonnant la terre,
Semble aller prendre place au sein même des cieux,

J'irois en Amérique étonner tous les yeux,
Et, dans mon vol hardi, superbes *Cordilières*,
On me verroit planer sur vos cimes altières.
Du Chili, du Pérou traversant les cantons,
Votre chaîne s'étend jusques aux Patagons;
Colosses imposans, qu'on nomme aussi les *Andes*,
Des montagnes du globe on vous croit les plus grandes,

MONTAGNES D'ASIE.

Mais les monts de l'Asie appellent mes regards:
J'irai, je les verrai dans divers lieux épars;
Et porté sans effroi sur l'aîle de Pégase,
J'oserai visiter les roches du *Caucase*;
Je n'y trouverai plus ces avides vautours,
Acharnés sur un coeur qui renaissoit toujours;
Mais j'y découvrirai les bords de la Colchide,
Où régna de Jason l'épouse parricide;
Mon oeil y plongera sur de tristes déserts,
De frimats éternels par l'Aquilon couverts;
Et quittant ces hauteurs, près de la Circassie,
Je plaindrai ces beautés qu'achète la Turquie,
Et dont la liberté, vendue aux Musulmans,
Va baigner de ses pleurs le sérail des Sultans.

Là, du Géorgien, les champs que je traverse,
Me montrent le *Taurus*, aux confins de la Perse,
D'une immense contrée il forme les remparts;
Des fleuves, de son sein, coulent de toutes parts.
L'été règne à ses pieds, l'hiver est sur sa tête,
Pour ceinture le ciel lui donna la tempête,
Et des raisins exquis, mûris sur ses côteaux,

Arrosent de leur jus les mets orientaux.
Cette chaîne de monts, en sa vaste étendue,
Sous d'autres noms encor se présente à ma vue.
Ici, c'est *le Niphate*, et plus loin *l'Immaüs*,
Tantôt *les monts de Pierre* et tantôt *l'Amanus*.

MOMTAGNES CÉLÈBRES

DANS LA SAINTE ÉCRITURE.

Mais, fuyez loin de moi, déités mensongères,
Muses, éloignez-vous : vos lyres trop légères
Indignes du sujet que je dois célébrer,
Romproient sous les accords que j'en voudrois tirer.
Vérité, c'est à toi d'échauffer mon génie.

Du sein des champs heureux de la belle Arménie,
Du milieu des palmiers, vainqueurs de cent hivers,
Le superbe *Ararat* s'élance dans les airs;
Ce fut là qu'échappant aux horreurs du déluge,
Le père de Japhet vint chercher un refuge,
Et que, devant l'autel, par ses mains élevé,
Il adora le Dieu qui l'avoit conservé.

En approchant des bords de la Ptolémaïde
Sur les rocs du *Carmel*, un hermite est mon guide.
Là, me dit-il, Elie, attirant sur l'autel
La foudre qu'à ses pieds vit tomber Jézabel,
Confondit et Baal et ses prêtres impies;
Puis, auprès du Jourdain, sur ses rives fleuries,
Il me fait voir l'endroit d'où, sur un char de feu,

Ce prophète jadis s'éleva vers son Dieu ;
Et voulant m'épargner une route pénible,
Il me montre de loin le cèdre incorruptible,
Qui couvre du *Liban* les immenses côteaux.

Dans ces lieux, où l'Arabe habite sous des peaux,
J'admire de *Sina* la cîme étincelante.
Là, parmi les éclairs et saisi d'épouvante,
Moïse recevoit, des mains de l'Eternel,
La loi que tant de fois enfreignit Israël.
Près de-là sur les bords que la Mer-Rouge arrose
Dans ces champs inféconds où l'Arabe repose,
Je rencontre d' *Horeb* le côteau merveilleux,
Et voyant le rocher d'où le chef des Hébreux
Faisoit, en le frappant, jaillir une onde pure,
Je baise avec respect son antique ouverture.

Superbe *Moria*, dont le front consacré
Soutenoit du Très-Haut le temple révéré.
Sion, qui de David portoit la forteresse,
Et toi.....mais, dans mon sein, le trouble qui me presse,
Les regrets, la douleur enchaînent mes accens.....
Lévites, au *Calvaire*, allez brûler l'encens.
C'est-là qu'un Dieu mourant, sur un gibet infâme,
Rendit et l' innocence et la vie à notre âme,
Et lava de son sang la tâche du péché ;
Là, je vois le sépulchre, où son corps fut caché,
Et d'où sortant bientôt environné de gloire,
A la mort étonnée il ravit sa victoire.
Ce fut là qu'autrefois avec docilité,
Sacrifiant l' espoir de sa Postérité,
Abraham sur son fils levoit sa main tremblante,

Quand Dieu toujours content d'une âme obéissante,
De ce père éperdu, fit arrêter le bras,
Et conserver un sang qu'il ne demandoit pas.
Monts sacrés, qui, témoins des plus profonds mystères,
Méritez à jamais nos hommages sincères,
Pardonnez, si mon luth vacillant sous mes doigts,
N'a pas mieux exalté les biens que je vous dois.
Vous fûtes le berceau de cette loi divine,
Dont Jésus est pour nous le gage et l'origine;
Et, saisi d'un respect qui ne cessera pas,
J'embrasse les rochers qu'ont honorés ses pas.

NOTES

SUR

L'IDÉE GÉNÉRALE

DE LA GÉOGRAPHIE.

VERS 17. Architas, philosophe Grec, qui, le premier, se livra à l'étude de la géographie.

Vers 22. L'*Asie* est la partie du globe la plus anciennement habitée; et quand les livres saints ne diroient point expressément que c'est dans cette partie du monde que Dieu créa l'homme, l'histoire profane suffiroit pour fixer nos doutes à ce sujet.

Vers 24. Ce vers désigne *la Turquie d'Asie*, dont *Burse* ou *Pruse* est la capitale. Le croissant est l'attribut des Turcs. Il est employé ici par Métonymie; et personne n'ignore dans quel esclavage les femmes des *harems* ou sérails passent leurs jours.

Vers 25 La *Chine* se vante d'être peuplée depuis plus de quatre mille ans, et les livres des lettrés font remonter plus haut encore l'origine de cette nation ; Le vernis de la Chine est un des plus beaux qui existe ; et se vend fort cher. *Pékin* en est la capitale.

Vers 27. *Indous*, véritable nom des habitans de l' Inde ; Les Bramines sont les prêtres de leur religion, qui a quelque rapport avec la métempsycose. Les Indes présentent plusieurs villes célèbres, telles qu' *Agra*, *Delhi*, *Goa*, *Siam*,

Vers 28. Les parfums, les baumes, les aromates nous viennent d' Arabie, ou sont du moins plus recherchés et meilleurs dans cette contrée. L' Arabie a pour capitale *La Mecque*, qui fù la patrie de Mahomet, et que chaque Musulman est obligé de visiter au moins une fois pendant sa vie.

Vers 30. *Ali*, cousin et gendre de Mahomet. Les Persans sont de la secte d' *Ali*, et les Turcs de celle d' *Abubaker*. *Ispahan* étoit la capitale de tout l' empire de Perse ; aujourdhui c'est *Téhéran*.

Vers 36. *Cléopâtre*, femme célèbre par sa beauté, ses liaisons avec Antoine, sa défaite à la bataile d'Actium, et la mort qu' elle se donna, en se faisant piquer d' une vipère.

Vers 40. L' *Abyssinie*, dont *Gondar* est la capitale, nourit des brebîs dont la queue pèse jusqu' à 15 livres.

Vers 41. La *Nigritie* n'est pas la seule province d'Afrique, où l'on fasse la traite des nègres, mais c'est de cette contrée qu'on en tire le plus les Capitales sont *Bornou et tombouctou*.

Vers 44. Les *Cafres* végètent plutôt qu'ils ne vivent dans la partie la plus méridionale de l'Afrique. La *Cafrerie* est fort étendue, et le *Cap* en est la capitale.

Vers 45. La Religion Catholique est la dominante du royaume de Congo : dont *San-Salvador* est la capitale.

Vers 50. *Suède*, capitale *Stockholm*.

Vers 51. *Dannemarck*, capitale *Copenhague*. La Norvêge, grande et vaste contrée à l'ouest de la Suéde, a été réunie à la Suède.

Vers 52. La *Russie*, dont *Moscow* et *Saint-Pétersbourg* sont les capitales, s'étend au loin en Asie. La Sibérie et une partie de la Tartarie appartiennent aux Russes, dont l'empreeur prend le nom de *Czar*,

Vers 54. *Hollande*, capitale *Amsterdam*. Le sol de la Hollande est, en quelques endroits, au-dessous du niveau de la mer qu'on retient par de fortes digues.

Vers 55. *Allemagne*, capitale *Vienne*. *Suisse*, capitale *Berne*. 57. *Pologne*, capitale *Varsovie*.. 58. *Hongrie*. capitale *Budes*. La *Moldavie* est ordinairement le théâtre des guerres.

Vers 60. La *Prusse*, dont Frédéric-le-Grand a reculé les bornes, a pour capitale *Berlin*. 62. La *Bohême*, capitale *Prague*. *L'Espagne* capitale *Madrid*. Le *Portugal*, capitale *Lisbonne*, qui fut plusieurs fois bouleversée par les tremblemens de terre, et notamment en 1757. *Neptune*, pour la mer, (Métonymie). Les *Palais*; pour toute la ville (Sinecdoche).

Vers 65, L'*Italie*, capitale *Rome*, qui l'est aussi de toute la chrétienté. *Ottoman*, nom de famille de la dynastie qui règne actuellement en Turquie. Les Mahométans, pour se conformer aux conseils de l'Alcoran, doivent négliger les sciences et les arts. La capitale de la Turquie d'Europe est *Constantinople*.

Vers 56. *Pindare*, poëte lyrique Grec.

Vers 71. *Colomb*. Christophe Colomb, Génois, aborda, en Amérique en 1491. Améric Vespuce, qui donna son nom à ce vaste continent, n'y arriva qu' en 1497.

Vers 73. *Isthme*, langue de terre, qui joint deux continens ou une presqu' isle à la terre ferme. Celui de *Panama* fait la communication entre l'Amérique septentrionale et la méridionale. L' *Isthme de Suez* joint l' Afrique à l'Asie.

Vers 77. *Floride*, capitale *Saint-Augustin*. 78. Le *Mexique*, capitale *Mexico*. *Nouveau Mexique*, capitale *Santa-Fé*. 79. *Louisiane*, capitale *la nouvelle Orléans*. 81. *Canada*, capitale *Québec*.

Vers 82. La *perte d'un pays*, Ce mot désigne les *Etats-Unis*. Le docteur *Franklin*, aussi célèbre par sa profonde politique que par ses connoissances rares sur la physique et surtout l'électricité, est l'auteur de la paix qui règne dans ces nouveaux états. C'est à lui que nous devons l'invention des paratonnerres.

Vers 86. La *Californie* n'offre point de villes considérables.

Vers 89. *Terre Ferme*, capitale *Carthagène*. 91. *Pérou*, capitale *Lima*. *Incas*, seigneurs Péruviens; leur religion consistoit dans l'adoration du soleil, dont ils se croyoient descendans. 92. *Castillans*, nom des Espagnols, La Castille est une province d'Espagne, qui avoit autrefois ses rois particuliers.

Vers 93. Le *pays des Caciques* désigne le *Chili*. *Caciques* étoit le nom des gouverneurs de provinces, de chefs de famille, capitale *San-Jago*. 94. *Paraguay*, capitale *Buenos-Aires*. Les Jésuites, dont l'instituteur est *S. Ignace de Loyola* convertirent à la foi une grande partie de ce pays, et y dirigèrent des peuplades d'Indiens nommées *Doctrines*. 96. *Brésil*, capitale *Rio Janeiro*. 97. *Lusitanie*, du latin *Lusitania*, Portugal.

Vers 99. La Guyane française, que nous désignons ainsi pour la distinguer de la Guyane hollandoise: Ce sont les Français qui y ont porté l'évangile, et y fournissent des missionnaires.

Vers 100. *Patagon*, nom d'un peuple de fort grande taille,

qui habite à la pointe méridionale de l'Amérique, prés du détroit *de Magellan*.

Vers 103. Le *fleuve* ou *rivière des Amazones* arrose un pays sauvage et à peine découvert.

Vers 107. L'*Angleterre*, capitale *Londres*. Dans la même isle l'*Ecosse*, capitale *Edimbourg*. 109. L'*Irlande*, capitale *Dublin*. 110. *Islande*, capitale autrefois *Skalhott*, aujourdhui *Rickiarik*. 113. *Oëland*, capitale *Borgholm*, 114. *Candie*, autrefois *la Crête*, fameuse par sa population et les loix de Minos, d'où vient le nom d'*isle de Minos* que nous lui donnons d'après les anciens poëtes Grecs et Latins.

Vers 115. Ces deux isles se nommoient autrefois *Baléares*. C'est dans celle de Minorque qu'est *Port-Mahon*, que M. le maréchal de Richelieu prit en 1756.

Vers 117. La *Sicile*, capitale *Palerme*. 118. La *Corse*, capitale *Bastia*. 119. *Malthe*, capitale *la Valette*. Cette île appartenoit aux chevaliers de l'ordre de Saint-Jean de Jérusalem. *Sardaigne*, capitale *Cagliari*,

Vers 120. On nomme *Archipel* tout assemblage d'isles dans la mer. Celui-ci s'appeloit jadis *la Mer Egée*. Ses isles les plus considérables sont le *Négrepont* ou l'*Eubée*, sur un canal nommé l'*Euripe*. *Stalimène*, autrefois *Lemnos*, *Soluri*, jadis *Salamine*, *Pelos*, une de Cyclades, *Lesbos*, *Cérigo*, anciennement *Cythère*, etc.

Vers 124. *Rhodes*, capitale du même nom, appartenoit jadis

aux chevaliers de Jérusalem : *Soliman* la leur enleva en 1523. 125. *Chipre*, capitale *Famagouste*. Elle étoit célèbre autrefois par le culte de Vénus, qui y faisoit, dit-on, sa résidence.

Vers 128. *Ceylan*, capitale. *Sumatra*, *Java*, capitale *Batavia*, où les Hollandois ont établi le centre de leur commerce danr les Indes orientales. Le *Benjoin* est une gomme odorante, qui sort, par incision, d'un grand arbre dans les Indes, et qui est d'un usage commun en médecine.

Vers 131. *Formose*, île voisine de la Chine à qui elle appartient. Le dragon est l'attribut des Chinois. 132. *Moluques*, capitale *Macassar*. Ces isles principales sont, *Ternate*, *Tidor*, *Machian*, et *Batchian*. Les habitans y sont idolâtres ou mahométans. 133. L'île de *Niphon*, la plus considérable de l'empire du Japon. On n'y laisse entrer comme dans toutes les isles appartenantes aux Japonnois, que ceux qui n'ont point de répugnance à fouler aux pieds le crucifix. Cette épreuve se nomme *le Jesumi*.

Vers 137. Les isles du *Cap-verd* sont au nombre de douze; *San-Jago* est la plus grande. 138. *Canarie*, une des isles fortunées dans l'Océan Atlantique; les plus considérables sont : *Palme*, *Fer*, *Gomère*. *Ténériffe*, *la grande Canarie*, *Fuerteventura*, *et Lancerote*, 139. *San-Thomé* sous l'équateur, a pour capitale *Pavoaçan*. 142. *Sainte-Hélène*, est une des plus agréables isles de l'univers. Cap. *Le fort Saint-James*. 143. *Madè-*

re, cap. *Funchal* ; son vin est renommé. 144. *Madagascar*, cap. *Le port aux Prunes*. 126. *Maurice*, ou île de France ; isle *Mascareigne*, ou île *Bourbon*.

Vers 149. *Les Açores*, dont la plus considérable est *Tercère*, sont au nombre de neuf ; l' air y est pur et serein ; c'est ce qui contribue, dit-on, à chasser la vermine des vaisseaux qui y arrivent.

Vers 152. *Terre neuve*, où se fait une pêche considérable et un commerce très-étendu de morue. 155. *Cuba*, capitale *la Havane* ; *Jamaïque*, capitale *Spanisch-Town*. *Saint-Domingue*, capitale *le Cap Français* ; *la Martinique*, capitale *Fort-Royal*.

Vers 162. *La Grenade*, fut prise par M. le comte d' Estaing, dans la dernière guerre d'Amérique.

Vers 173. et 174. L'Amérique a la *mer du Nord* à l'orient, et *la mer Pacifique* au couchant, ce que désigne le vers 175., par une expression figurée.

Vers 185. La mer *Caspienne* reçoit plusieurs fleuves dans son sein, et ne communique à aucune autre mer, du moins d'une manière sensible. On a prétendu qu'elle se déchargeoit par un canal souterrein dans le golfe Persique, mais cela n'est pas suffisammant prouvé. Ses eaux diminuent sans doute, par évaporation, dans une proportion égale à celles que cette mer reçoit des fleuves.

Vers 189. *La baye d'Hudson* ; découverte en 1602., est difficilement navigable à raison des glaces qui s'y rencontrent,

192. La mer *Vermeille* entre *la Californie* et *le nouveau Mexique*.

Vers 193. *L'Urne des Lacs*, expression figurée ; on représente les lacs, les rivières, les fontaines appuyés sur des urnes.

Vers 202. Les Iroquois, et presque tous les Sauvages de l'Amérique septentrionale, ont la barbarie de manger leurs esclaves.

Vers 213. *Anubis*, c'est l'étoile *Syrius*, ou la constellation du chien, ainsi nommée par les Egyptiens, parce que son lever annonçoit le débordement du Nil, comme un chien avertit de l'approche des brigands. On en avoit fait une divinité que l'on représentoit avec une tête de chien.

Vers 224. Le sentiment le plus commun sur la création de l'homme, est que l'Asie fut son berceau. Le Paradis terrestre étoit placé entre quatre fleuves, suivant la Genèse, mais on ne sauroit désigner exactement quels ils sont. On assure pourtant que le Tigre, le Phase et l'Euphrate, sont suffisamment indiqués dans les Saintes Ecritures.

Vers 232. *Ces oiseaux délicats* : *Les Phaisans*, ou comme on l'écrit actuellement *faisans*. On connoît la beauté de leur plumage, mêlangé d'azur, de rouge et d'or.

Vers 235. *Sémiramis*, Reine de Babylone, fit élever des jardins sur des terrasses, avec tant d'art et de hardiesse, que ce monument passa long-temps pour l'une des sept merveilles du monde.

Vers 248. Les Indiens superstitieux à l'excès, croient que si, en mourant, ils peuvent être plongés dans les eaux du Gange, ou arrosés d'urine de vache, leur âme ne passera pas dans le corps d'un animal méprisable: Ils croient à la Métempsycose.

Vers 251. *Le Kiang* ou rivière bleue: *le Hoang* ou rivière jaûne, sont les plus considérables de la Chine. *L'Oby* et *le Genisceá* coulent dans la partie septentrionale de l'Asie.

Vers 275. *La Torne* a son embouchure au fond du golfe de *Bothnie* en Suède, et une ville de même nom. 278. *La Tamise* se jette dans la Manche auprès de *Douvres*.

Vers 279. *Le Don*, autrefois *Tanaïs*, prend sa source en Moscovie, et après avoir reçu 500 rivières dans son cours, il se jette dans le *Palus-Méotide* ou mer d'*Azoph*.

Vers 287. Ce fut dans les flots de l'*Oder* débordé, que périt misérablement le jeune Prince *Léopold de Brunswick*, en volant au secours des malheureux que le fleuve entrainoit.

Vers 296. *La Vistule*, se jette dans la mer Baltique. *Le Rhône* est un des fleuves les plus rapides.

Vers 305. *La Gironde* ou *Garonne*, tombe dans l'Océan.

les Gascons ne sont pas, dit-on, fort vrais dans leurs discours.

Vers 313. *Le Pô*, autrefois l'*Eridan*, coule dans les états de Venise.

Vers 350. *Annibal* se fraya un passage à travers les Alpes, en faisant calciner les roches avec du vinaigre.

Vers 374. *Les Clefs*, expression Métonymique, qui désigne le Souverain Pontife, dont les clefs sont l'attribut.

Vers 387. *Atlas*, métamorphosé en montagne par Persée qui lui offrit la tête de Méduse, a donné son nom à une longue chaîne de montagnes qui s'étend le long des côtes Barbaresques, et les sépare des déserts *de Zara* et du *Bilédulgérid*.

Vers 397. *L'Hypogriphe* est un animal fabuleux, moitié aigle et moitié lion, dont l'Arioste fait mention dans son *Roland furieux*. *Le Pic de Ténériffe*, montagne très-élevée dan l' île de Ténériffe, une des Canaries.

Vers 412. *Les Patagons*, peuple qui habite la pointe la plus méridionale de l'Amérique; on les croit d' une grandeur démesurée; mais cette grandeur gigantesque existe plus dans l' imagination des voyageurs, que dans la nature.

Vers 419. *Ces avides Vautours*. Selon la fable, Prométhée ayant dérobé le feu du ciel pour animer l'homme, fut condamné par Jupiter à être enchaîné sur le mont Caucase, où des vautours venoient lui ronger les entrailles, qui renaissoient sans cesse sous leurs becs.

Vers 421. *De Jason l'épouse parricide*, Médée, Reine de la Colchide, actuellement *la Mingrélie*. 425. *Arrosent de leur jus*. Les vins de la Perse sont fort en vogue dans toute l'Asie, où les Indiens Musulmans en font un fréquent usage, au mépris de la loi du Prophête.

Vers 450; Le *père de Japhet*, Noë. On assure que l'arche dans laquelle ce patriarche et ses enfans furent conservés au milieu du déluge universel, s'arrêta sur une montagne d'Arménie nommée *Ararat*. Ce fait est tout au plus une probabilité.

Vers 470. *Des champs inféconds*, désigne l'Arabie pétrée. On divise l'Arabie en trois parties : l'Arabie *heureuse*, l'Arabie *déserte* et l'Arabie *pétrée*.

Fin des Notes.

Observation. Il ne faut pas s' imaginer qu' on ait cru mettre, dans ces notes, tout ce qu' il est nécessaire de savoir pour bien entendre et apprendre avec fruit les vers de cette Géographie. On n'a voulu que donner une idée de la manière, dont on doit l'étudier.

IMPRIMATUR

Si videbitur Rmo P. Magist. S. Pal. Apost.

Candidus Maria Frattini Arch. Philipp. Vicesg.

IMPRIMATUR

Fr. Philippus Anfossi Sac. P. A. M.

ELÉMENS

D'HISTOIRE,

A' L'USAGE

DU PENSIONNAT DES DAMES APOSTOLINES

DE LA MAISON ROYALE

DE S. DENIS,

A ROME.

www.ingramcontent.com/pod-product-compliance
Lightning Source LLC
Chambersburg PA
CBHW050009100426
42739CB00011B/2568
* 9 7 8 2 0 1 4 5 2 1 1 3 9 *